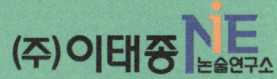

초등학생을 위한 논쟁 수업과 논서술 대비용

이슈 토론

융복합 사고의 결정판
(3~5학년 권장)

12 가지 주제

- 토론의 달인이 되는 길
- 공룡 화석 지키기
- 성공하려면 집안일 도와라
- 속담에 담긴 문화 읽기
- 반려견은 장난감인가
- 아기를 낳지 않는 나라의 비극
- 남북한 통일되면 거지 될까
- 빛 공해 어디까지 아시나요
- 한복은 위험한 옷인가
- 부자 되는 말, 쪽박 차는 말
- 전염병이 창궐하는 까닭
- 이슬람은 왜 여성을 차별할까

행복한 논술 편집부 엮음

초등 중급 3 호

차례

토론의 이론과 실제 ········· 04

01 토론의 달인이 되는 길 ········· 09
    이슈 토론 수업 왜 필요할까
    토론 찬반 토론을 하는 방법

02 공룡 화석 지키기 ········· 18
    이슈 공룡 화석이 사라진다
    토론 공룡 화석을 보호하는 방법

03 성공하려면 집안일 도와라 ········· 27
    이슈 집안일 할수록 공부도 잘한다
    토론 집안일 돌보기 습관을 들이자

04 속담에 담긴 문화 읽기 ········· 36
    이슈 속담에는 조상의 지혜 담겨 있어
    토론 속담 자주 사용해야 친해진다

05 반려견은 장난감인가 ········· 45
    이슈 버려지는 반려견 급증
    토론 생명의 소중함 알아야 유기견 줄어

06 아기를 낳지 않는 나라의 비극 ········· 54
    이슈 우리나라 인구가 줄어든다
    토론 인구는 나라 발전의 원동력

07 남북한 통일되면 거지 될까 ⋯⋯⋯⋯⋯⋯⋯⋯⋯⋯⋯⋯⋯⋯ 63
　　　이슈 희미해지는 통일 의식
　　　토론 통일되면 부자 된다

08 빛 공해 어디까지 아시나요 ⋯⋯⋯⋯⋯⋯⋯⋯⋯⋯⋯⋯⋯⋯ 72
　　　이슈 빛 공해 때문에 건강 망친다
　　　토론 인공 빛 사용을 줄이자

09 한복은 위험한 옷인가 ⋯⋯⋯⋯⋯⋯⋯⋯⋯⋯⋯⋯⋯⋯ 81
　　　이슈 우리 옷은 어떻게 발전했을까
　　　토론 한복을 지키고 발전시키자

10 부자 되는 말, 쪽박 차는 말 ⋯⋯⋯⋯⋯⋯⋯⋯⋯⋯⋯⋯⋯⋯ 90
　　　이슈 막말하면 공동체 생활 어렵다
　　　토론 공감하는 태도부터 길러야

11 전염병이 창궐하는 까닭 ⋯⋯⋯⋯⋯⋯⋯⋯⋯⋯⋯⋯⋯⋯ 99
　　　이슈 전염병이 정말 무서운가요
　　　토론 전염병 어떻게 하면 안 걸릴까

12 이슬람은 왜 여성을 차별할까 ⋯⋯⋯⋯⋯⋯⋯⋯⋯⋯⋯⋯⋯⋯ 108
　　　이슈 여성 차별 심한 이슬람 국가들
　　　토론 부당한 차별 고치라고 요구하자

답안과 풀이 ⋯⋯⋯⋯⋯⋯⋯⋯⋯⋯⋯⋯⋯⋯ 117

토론의 이론과 실제

4차 산업혁명의 특징은 여러 분야의 기술을 융합하는 것이다. 따라서 4차 산업혁명에 대비하려면 소통 능력과 협동심이 중요하다. 소통 능력과 협동심을 기르려면 어렸을 적부터 토론 교육이 필요하다.

토론은 절차를 갖춘 공식적인 쌍방 소통이다. 토론 과정에서 절차를 지키지 않으면 문제는 해결되지 않고 말싸움으로 끝나게 된다.

토론은 논쟁과 토의로 나뉜다. 논쟁은 입장이 다른 편을 서로 설득하는 토론인데, 찬반 토론으로 대표된다. 주로 사용하는 방식은 두마음토론과 세다(CEDA)토론을 들 수 있다. 토의는 같은 편끼리 바람직한 결과를 얻기 위해 하는 토론이다. 피라미드토론과 원탁토론이 주로 사용된다.

두마음토론의 절차와 진행 방식

두마음토론은 남을 설득하거나 두 가지 의견을 공정하게 판결하는 토론이다. 서로 다른 입장의 대결이라는 점에서 붙인 이름이다.

3명이 한 모둠을 이루는데, 모둠을 이룬 3명 가운데 2명은 토론 주제인 논제를 놓고 찬성과 반대 입장을 맡아 토론에 참여하고, 나머지 1명은 판결한다. 인원이 남을 경우 1명은 판결자의 보조 역할을 하고, 1명은 토론 내용을 기록하면 좋다. 참여 인원이 많으면 여러 모둠으로 나눠 하면 된다.

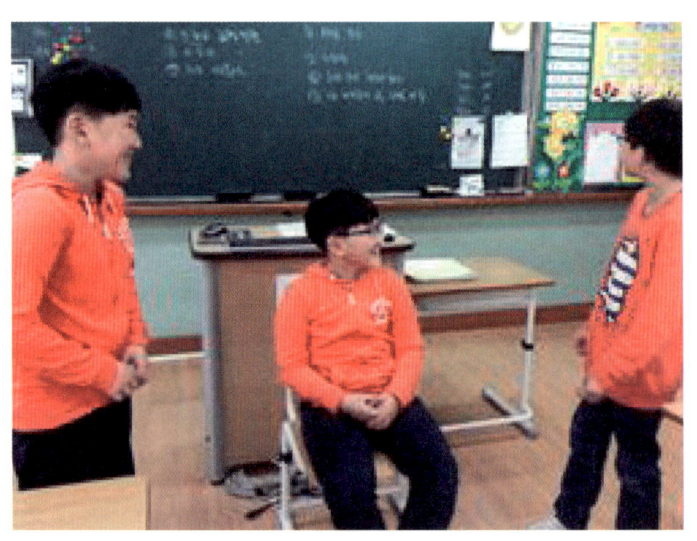
▲두마음토론을 하는 초등학생들.

자리를 배치할 때 판결자는 중간에 앉고, 오른쪽에는 찬성 입장, 왼쪽에는 반대 입장 토론자를 마주앉게 한다.

찬반 토론자는 서로 의견을 주고받지 못하며, 판결자에게만 자신의 주장과 그 근거를 말할 수 있다. 판결자가 몸을 비스듬히 돌려 자신을 바라볼 때만 발언할 수 있다. 토론 참가자는 판결자에게 질문할 수 없으므로, 참가자 모두 의견을 집중해서 들어야 한다.

찬반 양쪽에는 모두 세 차례의 발언 기회가 주어지는데, 1회 발언 시간은 30초다. 여러 모둠이 같은 교실에서 토론할 경우 중간에 작전 시간을 가질 수 있다. 작전 시간에는 같은 편끼리 모여 의견을 정리한다. 발언 시간이 모두 끝나면 판결자는 승자의 손을 들어준다. 찬반 역할을 바꿔 여러 번 토론할 수도 있다.

마지막으로 토론 참석자들은 판결자의 판결 이유를 듣는다. 여러 모둠에서 진행한 토론 내용도 함께 나눌 수 있다.

세다토론의 절차와 진행 방식

찬반 토론의 한 방법인 세다토론은 토론 대회에서 자주 사용되는데, 자료 조사와 질문을 통해 자신의 주장을 증명하는 방식이다. 따라서 자료를 충분히 준비해 질문해야 한다.

찬반 양쪽은 두세 명씩 한 팀을 이뤄 협력한다. 상대 팀에게 몇 가지 질문을 통해 상대 주장의 잘못을 찾는 방식이므로 '교차조사토론'으로도 불린다.

토론 주제에 대한 찬반 입장은 즉석에서 결정한다. 일반적으로는 3회전으로 치러지는데, 입론(3분)→교차 조사(2분)→반론(2분)의 순서로 진행한다.

토론자들에게는 3회전까지 각자 세 차례의 발언 기회가 주어진다. 양쪽은 순서와 관계없이 3회전이 진행되는 동안 각각 3분의 작전 시간을 가질 수 있다. 작전 시간은 상대에 대응하기 위해 같은 편이 발언할 때 나눠서 신청한다. 토론자가 한 팀에 두 명일 경우 소요 시간은 34분 정도다. 토론자 4명의 발언 시간은 28분이지만, 각 팀은 3분의 작전 시간을 쓸 수 있기 때문이다.

▲세다토론을 하는 초등학생들.

1회전	2회전	3회전
찬성 1 - 입론	찬성 2 - 입론	반대 1 - 반론
반대 2 - 교차 조사	반대 1 - 교차 조사	찬성 1 - 반론
반대 1 - 입론	반대 2 - 입론	반대 2 - 반론
찬성 1 - 교차 조사	찬성 2 - 교차 조사	찬성 2 - 반론

입론 단계에서는 주장을 분명히 말하고 개념을 명확하게 정리해야 한다. '왜냐하면'이라는 말을 사용해 이유와 근거도 세 가지쯤 대고, '예컨대'라는 말을 사용해 사례도 밝힌다. 발언을 마칠 때는 "지금까지 저희는 ~을 증명했습니다."라고 말하며 마무리한다.

교차 조사를 할 때는 상대의 입론 내용에 관해 질문하는데, 2분 안에 4~5가지를 질문해 상대 주장의 허점을 공격해야 한다. 상대에게 하나씩 질문한 뒤 '예, 아니오'로 대답을 들어야 상대 주장의 허점이 드러난다. 따라서 토론의 승패가 질문 능력에 달려 있다고 보면 된다.

반론은 같은 팀 입론 내용과 관련이 있는 주장을 펴야 한다. 상대의 답변 내용을 파고들어 공격하기도 한다. 이때 새로운 주장을 펼치면 안 되고, 상대의 주장에 관해서만 반론할 수 있다.

피라미드토론의 절차와 진행 방식

피라미드토론 진행 방식			
8명	+	8명	= 8대 8 토론
4명	+	4명	= 4대 4 토론
2명	+	2명	= 2대 2 토론
1명	+	1명	= 1대 1 토론

피리미드토론은 주어진 토론 주제에 관해 전체 토론자들의 의견을 단계적으로 줄여 마지막에는 하나의 의견을 얻는 방식이다. 설득과 합의를 배우는 경우에 알맞다. 1대 1로 토론해 합의한 뒤 2대 2로 확장해 4명이 토론을 거쳐 합의한다. 또는 4대 4나 8대 8과 같은 식으로 참여 인원을 늘려 전체 인원이 절반이 될 때까지 합의한다.

예를 들면 '행복을 위한 조건'을 놓고 토론자마다 세 가지씩 의견을 적는다. 1대 1 토론은 3분 동안 6개의 의견을 갖고, 3개의 의견으로 합의하는 방식이다. 2대 2, 4대 4 토론을 거쳐 최종 두 팀의 토론에서 얻은 3가지가 대표 의견이 된다. 토론 승리는 합의한 3가지 의견 가운데 2가지 이상을 낸 팀에게 돌아간다.

각 단계에서 합의하지 못하면 다음 단계로 넘어갈 수 없다. 따라서 우선 순위와 설득과 합의를 효과적으로 배울 수 있다.

피리미드토론은 인원이 많을 때 알맞으므로, 학교나 동아리 모임에서 주로 활용한다. 예를 들어 학교 수업 시간 40분 가운데 25분을 수업한 뒤 15분을 피라미드토론으로 진행하는 것이다. 학급 인원 32명을 8명(24명인 경우 6명씩)씩 네 모둠으로 나눈다. 모둠별로 피라미드토론을 통해 합의한 뒤, 모둠 대표 4명이 합의한 내용을 발표한다.

인원이 4명만 되어도 토론이 가능하다. 참가자들은 두 단계만 토론하지만 설득과 합의를 배울 수 있다.

▲학생들이 4대 4로 피라미드토론을 하고 있다.

원탁토론의 절차와 진행 방식

원탁토론은 토론자의 의견이 다름을 인정하는 토의형 토론이다. 따라서 토론자들의 다양한 의견을 듣고 자신의 생각을 더 넓고 깊게 다듬는 데 효과적인 방법이다. 설득과 합의, 평등과 공정성을 체험하기에 좋다.

원탁토론의 자리 배치는 원형이 바람직하지만, 서로 얼굴을 모두 볼 수 있는 '디귿(ㄷ)자'나 '브이(V)자 형태도 괜찮다. 토의(1차 발언 2분)→논쟁(차수 발언 2분)→토의(마무리 발언 1분) 순서로 진행한다. 사회자는 시간을 재며 다음 차수를 알려 준다.

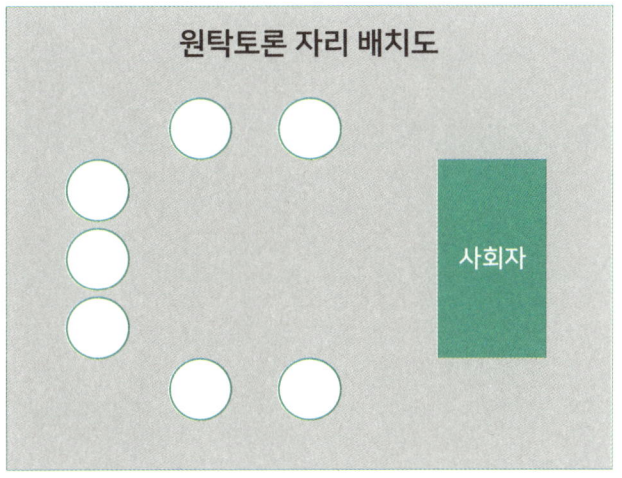

1차 발언에서는 토론자가 자신의 주장과 근거를 말한다. 모든 토론자는 순서에 상관없이 한 번씩 발언할 수 있다. 발언자가 없을 경우 이전 발언자가 다음 발언자를 지명한다.

차수 발언은 다른 토론자의 주장과 근거의 문제점을 지적하고 질문과 답변을 하는 방식이다. 2~4차 등으로 발언이 이어진다. 토론자들은 돌아가면서 반론과 질문을 한 뒤 답변은 다음 차수에 생각을 정리해 하는 것이 좋다.

▲원탁토론 대회에 참가한 초등학생들.

토론자들은 한 차수에 한 번만 발언한다. 차수를 바꾸면 모든 토론자들에게 다시 발언 기회가 주어진다. 마무리 발언에서는 모든 토론자가 그동안의 토론 내용을 종합하고 심화한다. 토론자는 자신의 생각이 토론 과정에서 달라졌을 경우 솔직하게 말해도 된다.

01 토론의 달인이 되는 길

▲ 한 초등학교에서 국어 시간에 토론 방식으로 수업을 하고 있다.

초등학생들이 토론 수업을 어려워하고 있습니다. 학교에서 토론 수업을 하지 않는데다, 여럿이 협동하는 수업보다는 혼자서 하는 공부 방식을 편하게 생각하기 때문입니다. 토론 수업이 왜 필요한지 알아 보고, 찬반 토론을 하는 방법을 공부합니다.

이런 걸 공부해요

이슈 토론 수업 왜 필요할까
- ◆ 우리나라 초등학생들 토론 수업 꺼린다
- ◆ 토론으로 문제 해결하면 모두에게 이익

토론 찬반 토론을 하는 방법
- ◆ 논리적으로 의견 펼치고, 예의 지켜 반박해야

이슈 토론 수업 왜 필요할까

우리나라 초등학생들 토론 수업 꺼린다

▲ 프랑스의 초등학생들이 교사의 지도에 따라 토론 방식으로 수업을 하고 있다.

이행복(36) 교사는 토론 수업을 할 때마다 고민이 크다. 학생들이 의견을 내지 않아 수업이 제대로 진행되지 않기 때문이다. 교사가 나서서 의견을 끌어내려고 하지만, 이마저도 잘 되지 않아 토론이 중간에 끊기기 일쑤다.

우리나라의 대다수 초등학생들은 토론 수업을 꺼린다. 한 교육 잡지가 최근 초등학생 535명에 물었더니, 10명 가운데 7명은 "토론 수업이 싫다."고 대답했다. '익숙하지 않아서'라든지, '무슨 말을 해야 할지 몰라서' 또는 '싸우는 기분이 들어서' 등을 이유로 들었다.

학생들끼리 토론을 통해 답을 찾기보다는 교사의 설명을 듣고 답을 찾는 주입식 교육에 익숙해진 탓이 크다. 그리고 학교에서 토론 방법을 가르치지 않는데다, 협동이 필요한 토론보다 혼자서 하는 공부를 편안하게 생각하기 때문이다. 논리를 따져 상대의 의견에 반박하기보다는 서로 기분이 상하지 않으려고 타협하는 버릇도 문제다.

프랑스나 핀란드의 경우 어렸을 적부터 모둠을 짜서 토론하는 수업을 한다. 여러 문제를 놓고 논리적으로 자신의 의견을 펼 수 있는 힘을 길러 주는 것이다. 이렇게 자라면 사회 문제에 적극 참여해 활발하게 자신의 의견을 낼 수 있다.

한겨레 기사 등 참조

이런 뜻이에요

주입식 외워서 잊지 않게 하는 방식으로 가르침.

이슈

토론으로 문제 해결하면 모두에게 이익

토론은 어떤 문제를 놓고 생각이 다른 사람들이 바람직한 방향으로 문제를 해결하는 의견 결정 방식이다.

우리 동네에 쓰레기 처리장을 지어야 한다면 어떻게 할까. 서로의 이익이 다르므로 의견도 다를 것이다. 이때 주민들이 모여 토론을 통해 의견을 모으면 모두에게 이익이 되도록 문제를 해결할 수 있다. 이것이 토론이 필요한 이유다.

▲ 토론 방식으로 수업하면 말하기뿐만 아니라 글쓰기 능력도 길러지는 등 좋은 점이 많다.

학교에서 토론 방식으로 수업을 하면 반대 의견을 들으며 몰랐던 사실도 알게 되어 지식도 늘고 생각의 폭도 넓어진다. 다른 사람의 의견이 옳은지 판단하는 과정에서 비판 능력도 기를 수 있다. 의견을 주고받는 과정이 반복되면 서로의 입장을 이해하는 공감 능력을 기를 수 있고, 문제점을 분명히 알게 되어 효과적인 해결 방법을 찾을 수 있다.

자기의 의견을 말하는 과정에서 수업에 적극 참여할 수 있는 장점도 있다. 토론에 필요한 자료를 준비하면서 배경 지식도 늘어난다. 글을 읽고 요약하는 능력은 물론 의견을 발표하면서 표현 능력도 키워진다.

토론은 쓰기 학습에도 유익하다. 글의 주제를 놓고 토론한 뒤, 토론 내용을 기록으로 남기면 글을 쓸 때 중요한 자료로 활용할 수 있기 때문이다.

한국일보 기사 등 참조

토론

찬반 토론을 하는 방법

논리적으로 의견 펼치고, 예의 지켜 반박해야

토론의 종류 가운데 기본적인 것이 찬반 토론이다. 찬반 토론은 하나의 주제를 놓고 찬성과 반대 의견으로 나누어, 정해진 규칙에 따라 벌인다. 토론을 마치면 평가 기준에 따라 승패를 결정한다.

찬반 토론의 순서는 대체로 토론자와 사회자 정하기→주제 정하기→주장 펼치기→반대 심문하기→주장 다지기→평가하기 순으로 이어진다.

토론에 앞서 사회자와 토론자, 평가자를 정한다. 사회자는 공정하게 토론을 이끌되 주제에서 벗어나지 않게 조정하고, 단계마다 정해진 시간을 넘지 않도록 한다. 토론자는 자신의 의견을 펼 때 반드시 근거를 댄다. 상대의 문제점을 지적할 때는 예의를 갖춰 논리적으로 한다. 평가자는 토론에서 주장한 내용만 가지고 평가표에 맞게 판정한다.

주장의 근거는 두세 가지쯤 대서 자기 의견을 뒷받침한다. 주장 펼치기에서 밝힌 근거는 반론 펴기에서 상대편의 점검 대상이 되므로, 논리적으로 맞지 않거나 사실인지 아닌지 분명하지 않은 것은 피한다.

▲ 토론 단계마다 진행을 맡을 사람을 정하는 것이 좋다.

▲ 토론 준비 시간에는 모둠원이 모두 협동해 의견을 정한다.

(13쪽으로 이어짐→)

토론

(→12쪽에서 이어짐)

①주제 정하기와 모둠 나누기=토론 주제에 따라 학생들의 참여도가 달라진다. 처음에는 학생들의 생활과 관련이 깊은 주제를 고르거나, 자주 뉴스로 접하는 흥미 있는 주제를 정한다. 주제를 정한 뒤에는 찬성과 반대 모둠으로 나눈다.

②주장 펼치기=각 모둠이 의견을 처음 주장하는 단계다. 자신의 생각을 말하되, 생각을 뒷받침하는 이유를 댄다. 부족하면 경험이나 자료 등을 제시하며 보충 설명한다.

③반대 심문하기=상대의 의견을 듣고 나서 반론 펴기와 반론 꺾기를 위한 준비 시간을 갖는다. 반론 펴기는 상대편 주장에 대한 반박이므로, 상대편의 의견을 꼼꼼히 살피면서 주장할 때 틀린 부분은 없는지, 근거가 적합한지를 점검한다. 반론 꺾기는 상대편 반론을 듣고 준비 시간을 가진 뒤 진행하는데, 반론 펴기에서 발견된 잘못이나 분명하지 않은 점을 지적한다.

④주장 다지기=상대편 주장의 잘못을 증명하고, 자기편 의견이 정당함을 강조한다. 따라서 토론자는 주장 펼치기와 반대 심문에서 나온 의견 가운데, 중요한 내용을 골라 종합한 뒤 다시 한 번 자기편 주장이 옳음을 알려야 한다.

⑤평가하기와 글쓰기=토론이 끝나면 토론 평가표를 직접 적어 본다. 주장과 반론이 이해하기 쉬운지, 토론 자세가 예의에 어긋나지 않았는지, 주장 펼치기와 주장 다지기의 내용이 겹치지 않았는지 따진다. 평가표 작성이 끝난 뒤 토론 주제를 놓고 글로 쓰면 더 유익하다.

경향신문 기사 등 참조

▲ 토론자는 사회자에게 발언권을 얻은 뒤 발언해야 한다.

▲ 토론할 때 관련된 자료를 활용하면 근거를 풍부하게 댈 수 있다.

생각이 쑤욱

1 우리나라 초등학생들이 토론을 꺼리는 까닭을 아는 대로 이야기하세요.

▲ 주입식 교육은 학생들에게 비슷한 생각을 심어 줘 창의력을 없앤다.

2 토론 방식으로 수업하면 어떤 점이 좋을까요?

3 토론 방식의 수업은 모든 과목에서 이뤄질 수 있습니다. 토론 방식으로 수업하면 가장 좋을 것이라고 생각하는 과목과 그렇지 않을 과목을 하나씩 고른 뒤 그 이유도 각각 말해 보세요.

☞국어, 영어, 수학, 사회, 과학, 음악, 미술, 체육 등 여러 과목에서 배우는 내용을 생각해 보세요.

머리에 쏘옥

토의와 토론

토의와 토론은 둘 다 어떤 문제를 해결하기 위해 두 사람 이상이 모여 의견을 나눈다는 점에서 같습니다. 사회자가 있고 일정한 규칙에 따라 진행되지요.

그런데 토의는 참가자들끼리 공동의 문제를 해결하기 위해 서로 도와서 최고 좋은 해결 방법을 찾아내는 방법입니다.

이에 비해 토론은 참가자들이 찬성과 반대 의견으로 나뉘어 서로 자기 의견이 옳고 상대의 의견은 옳지 않다고 주장하면서 해결점을 찾는 형식을 띱니다.

수학 토론

수학 문제를 풀 때 실력이 비슷한 학생들을 모둠으로 묶어 토론을 통해 답을 찾으면 좋습니다.

여러 학생이 같은 문제를 풀어 본 뒤 풀이법을 놓고 의견을 나누는 일부터 두 가지 풀이 방법 가운데 더 좋은 방법을 찾는 일 등 토론 방식은 다양합니다.

전문가들은 자신의 풀이를 다른 사람에게 설명하고, 풀이가 효과적이라고 주장하는 과정에서 논리력과 말하기 능력을 키울 수 있다고 합니다.

생각이 쑤욱

4 의사 결정 방식은 제비 뽑기, 명령, 다수결 방식, 토론 등 여러 가지가 있습니다. 각 방식은 어떤 상황에서 결정을 내릴 때 적용하면 좋을지 두 가지씩 말해 보세요.

결정 방식	적용하면 좋은 상황
제비 뽑기	반에서 짝을 뽑을 때/청소 당번을 정할 때 등
명령	
다수결 방식	
토론	

머리에 쏘옥

찬반 토론의 주제

찬반 토론의 주제는 참가자 모두가 관심이 있고, 찬성과 반대 의견으로 나눌 수 있어야 합니다.

주제를 정할 때는 '무엇은 어떠해야 한다' 또는 '무엇은 옳다'(옳지 않다)는 문장으로 나타내야 합니다.

주제는 내용이 분명해야 혼란을 주지 않습니다. 주제 내용이나 낱말이 분명하지 않으면 참가자들에게 혼란을 줘 진행이 매끄럽지 않게 됩니다. 또 토론 주제는 한 가지 내용만 다뤄야 합니다. 내용이 복잡할 경우 토론자들이 서로 다른 의견을 얘기할 수 있어 진행이 어렵게 되지요.

따라서 토론에 들어가기에 앞서 토론자들이 이러한 부분을 놓고 서로 의견을 나눠 합의해야 합니다.

5 학교 생활을 하며 찬반 토론이 필요한 주제를 두 가지만 찾아, 찬성과 반대 이유를 각각 세 가지 이상 생각해 보세요.

주제		
찬성 이유		
반대 이유		

6 자유 토론에 비해 찬반 토론은 정해진 규칙이 있습니다. 정해진 규칙에 따라 토론을 진행하면 어떤 점이 좋을까요?

> **머리에 쏘옥**
>
> ### 사회자의 역할
>
> 토론에서 사회자는 토론자를 소개하고, 토론 순서를 알려 줍니다. 예를 들면 다음과 같습니다.
>
> 토론자를 소개할 때의 형식 : 토론에 참가할 토론자를 소개합니다. 먼저 찬성편에서 토론하실 분들을 소개합니다. 이어서 반대편에서 토론하실 분들을 소개합니다.
>
> 토론 순서를 알릴 때의 형식 : 토론에 들어가기에 앞서 토론 순서를 알려 드립니다. 찬성편 대표자와 반대편 대표자가 각각 ○분 동안 주장을 펼친 뒤, 작전 타임을 ○분간 갖습니다. 그리고 반대편에서 찬성편에 대해 ○분간 반대 심문을 진행하고, 찬성편에서도 반대편에 대해 ○분간 반대 심문 기회가 주어집니다. 그 다음 반대편의 주장 다지기와 찬성편의 주장 다지기의 준비 시간을 각각 ○분씩 드립니다. 마지막으로 판정인의 판정을 듣는 순서로 마무리됩니다.

7 토론이 끝난 뒤 평가 활동이 필요한 까닭을 세 가지만 들어보세요.

행복한
논술

우리나라의 초등학생들은 토론 수업을 꺼립니다. 학교에서 토론 방법을 배우지 않은데다, 주입식 교육에 익숙해졌기 때문입니다. 하지만 토론 방식을 통해 의견을 모으면 여러 가지 사회 문제를 효과적으로 풀 수 있답니다. 그리고 어렸을 적부터 토론 수업을 하면 논리적인 사고력과 말하기 능력을 기를 수 있고, 글쓰기 능력을 키우는 데도 도움이 됩니다. 수업 내용을 적극적으로 받아들이고, 상대의 입장을 존중할 줄도 알게 됩니다.

찬반 토론의 절차를 설명하고, 찬반 토론을 할 때 주의할 점을 설명해 보세요(500~600자).

02 공룡 화석 지키기

▲ 한반도에 살았던 공룡을 다룬 EBS 다큐멘터리 '한반도의 공룡'의 한 장면.

옛날 우리 땅에 살던 공룡의 화석들이 곳곳에서 발견되고 있습니다. 하지만 제대로 관리가 되지 않아 사라질 위기에 놓인 것들이 적지 않습니다. 공룡 화석이 만들어지는 과정을 알고, 공룡 화석이 중요한 까닭을 공부합니다.

이런 걸 공부해요

이슈 공룡 화석이 사라진다
- ◆ 국내 공룡 화석 산지 22곳 가운데 20곳 훼손
- ◆ 공룡 화석 왜 보존해야 하나

토론 공룡 화석을 보호하는 방법
- ◆ 주변에 관찰로 설치하고, 경고 팻말 세워야

공룡 화석이 사라진다

국내 공룡 화석 산지 22곳 가운데 20곳 훼손

우리나라에 있는 공룡 화석이 관리가 제대로 안 돼 본래의 모습을 잃고 사라질 위기에 놓인 것이 많은 것으로 나타났다.

문화재청의 최근 조사에 따르면 천연기념물로 지정된 전국 22개의 화석 산지 가운데 대다수가 훼손되었거나 훼손 위기에 놓여 있다. 공룡 둥지 화석으로 유명한 경기도 시화호 간석지는 별도의 보호 시설이 없기 때문에 비와 바람에 부스러지거나 사람들이 공룡알 화석을 훔쳐가 본래의 모습을 잃었다. 경남 진주 유수리의 공룡 발자국 화석도 근처의 댐에서 물을 흘려보낼 때마다 물에 잠겨 사라질 위기에 놓였다. 이 밖에도 울타리를 치기는커녕 공룡 화석 산지라고 표시한 팻말조차도 없는 곳이 있다.

▲경기도 시화호 간석지의 공룡 둥지 화석. 보호 시설이 없어 알이 오랫동안 비에 맞는 바람에 부스러져 흔적만 남았다.

공룡 화석은 세계적으로 수가 많지 않아 외국의 경우 공룡 화석이 발견되면 즉시 보존에 나선다.

▲공룡 발자국 화석이 확인된 경남 울주군의 바위. 훼손이 심해 손만 대도 바위가 부스러진다.

전문가들에 따르면 우리나라의 경우 공룡 화석을 훔쳐 가거나 망가뜨리면 벌을 줄 수 있는 법은 있다. 하지만 법이 뚜렷하지 않아 실제로 벌을 주기는 어렵다. 또 전국에 흩어져 있는 공룡 화석을 정부에서 관리하지 않고, 시청이나 군청에서 지역별로 맡아하다 보니 제대로 된 관리가 이뤄지지 않는 것도 문제점이다.

동아일보 기사 등 참조

이런 뜻이에요

문화재청 문화재를 정하고 관리하는 일을 하는 나라의 기관.
훼손 헐거나 깨뜨려져 못 쓰게 됨.
간석지 밀물과 썰물이 드나드는 갯벌.

이슈

공룡 화석 왜 보존해야 하나

공룡이란 약 2억 1500만 년 전부터 지구에서 살다가 6500만 년 전에 갑자기 멸종한 파충류다. 공룡 화석은 공룡의 뼈나 피부, 발자국 등이 흙속이나 돌에 오랫동안 갇힌 상태에서 단단히 굳은 채로 남은 것이다.

공룡 화석은 크게 골격 화석과 흔적 화석으로 나뉜다. 골격 화석은 공룡 뼈가 화석이 된 것인데, 순식간에 흙에 파묻혀 원래 모습이 그대로 남아 화석이 되었다. 흔적 화석은 공룡의 발자국이나 피부가 화석으로 남은 것인데, 태풍이나 지진의 영향을 받지 않아 오랜 시간 그 형태가 보존되었다. 사람들은 보통 뼈 화석만 공룡 화석으로 생각해 흔적 화석이 주변에 있어도 화석인 줄 모르고 지나치기 쉽다.

우리나라의 화석은 대개 경상도와 전라남도에서 발견된다. 주로 흔적 화석이며, 이 가운데 발자국 화석이 대다수다. 당시 이 지역의 남쪽에 큰 호수가 많았고, 호수 주변의 진흙에 공룡 발자국이 잘 남기 때문이다.

화석을 연구하면 공룡이 살았던 시대의 자연 환경과 공룡의 생활 방식을 알 수 있다. 옛날 지구의 환경이 어떻게 바뀌었으며, 환경의 변화에 따라 공룡이 어떻게 진화했는지도 파악이 가능하다. 나아가 지구의 미래도 예측할 수 있다.

▲ 위 사진부터 차례로 공룡 뼈 화석, 피부 화석, 발자국 화석.

동아일보 기사 등 참조

이런 뜻이에요

파충류 몸이 비늘로 덮인 변온 척추동물. 주로 따뜻한 지역에서 사는데, 꼬리가 길고 네 다리가 짧으나 뱀처럼 사라진 것도 있다.
진화 생물이 살아가는 데 유리한 방향으로 환경에 적응하고 발전하는 과정.

공룡 화석을 보호하는 방법

주변에 관찰로 설치하고, 경고 팻말 세워야

▲경남 고성군 공룡 화석 산지에서 안내원과 함께 공룡 발자국 화석을 탐방하는 사람들.

경남 고성은 국내에서 공룡 발자국 화석이 가장 많이 발견되는 곳이다. 그래서 고성군은 지난 2005년 국내 최초로 공룡 박물관을 세우고, 화석의 훼손을 막기 위해 발자국 화석 주변에 관찰로를 설치했다. 또 곳곳에 팻말을 세워 발자국 화석에 관한 정보를 전달하고, 보존해야 하는 까닭도 설명했다. '화석 산지 관광 프로그램'도 운영하고 있다.

공룡 화석 산지에는 고성군처럼 화석 정보와 경고문이 들어간 안내판을 설치하면 훼손을 줄일 수 있다. 관람객이 많으면 울타리를 쳐서 출입을 막고, 화석 도난 방지를 위해 CCTV(폐쇄 회로 TV)도 설치할 필요가 있다. 훼손이 심한 곳은 표면이 부서지는 것을 막는 처리를 하고, 비와 바람에 노출되지 않게 투명 유리막을 세우는 것도 한 방법이다.

관람객도 공룡 화석을 관찰할 때는 관찰로를 따라 걷는다. 화석을 밟거나 화석 위에 종이를 덮고 연필로 따라서 그리는 사람도 있는데, 화석을 망가뜨릴 수 있다. 훼손된 화석을 발견하면 문화재청에 즉시 신고한다.

우리나라에는 아직 공룡 화석 등을 전시하는 국립 자연사박물관이 없는데, 자연사박물관을 만들면 공룡 화석 전문가를 키울 수 있는 장점이 있다.

한국일보 기사 등 참조

토론

공룡의 종류

공룡은 지금까지 300여 종이 알려져 있다. 먹이에 따라 육식과 초식으로 나뉜다. 골반 모양에 따라서는 도마뱀형인 용반류와 조류형인 조반류로 나뉜다. 용반류는 두 발로 걸으며 육식인 수각류(티라노사우루스 등)와 네 발로 걸으며 초식인 용각류(브라키오사우루스 등)로 구분된다. 조반류는 모두 초식이다. 모든 공룡의 몸은 비늘로 덮여 있었다.

▲티라노사우루스 화석. 몸길이는 12~13미터, 키는 4미터, 몸무게는 5~6톤이다.

중생대

지구는 약 46억 년 전에 처음 만들어졌는데, 약 2억 2500만 년 전부터 약 6500만 년 전까지의 시기를 말한다. 당시 지구에는 척추동물로는 파충류인 공룡과 무척추동물로는 암모나이트가 번성했다. 육지 식물은 은행나무와 소철, 소나무 등의 겉씨식물이 많았다. 조류와 포유류가 처음 나타났다. 하지만 이 시기 말에 공룡이 멸종했다.

▲바다에서 살던 조개류의 일종인 암모나이트 화석.

공룡의 멸종

공룡은 약 6500만 년 전에 멸종했는데, 멸종 원인은 아직 밝혀지지 않았다. 하지만 과학자들은 이 시기에 하늘에서 떨어진 운석이 원인일 것으로 추측한다. 거대한 운석이 땅에 부딪히면서 생긴 먼지가 햇볕을 가려 온도가 내려갔고, 이 바람에 식물이 광합성을 하지 못해 말라 죽으며, 초식 공룡과 육식 공룡이 차례로 멸종했다는 것이다.

▲운석 충돌로 공룡이 멸종했다는 설이 힘을 얻고 있다.

생각이 쑤욱

1 공룡 화석이 왜 훼손되고 있나요?

2 공룡 화석을 연구하면 어떤 점을 알 수 있는지 두 가지만 말해 보세요.

3 공룡 발자국을 보면 당시 공룡의 생활 모습을 알 수 있습니다. 아래 그림의 공룡 발자국을 관찰한 뒤 네 마리의 공룡에게 어떤 일이 생겼을지 이야기를 지으세요.

A, D : 티라노사우르스. 육식이며 이빨과 발톱이 날카롭다. 몸길이는 12~13미터로 보인다.

B, C : 브라키오사우루스. 초식이며 성격이 온순하다. 몸길이는 25미터 정도로 보인다.

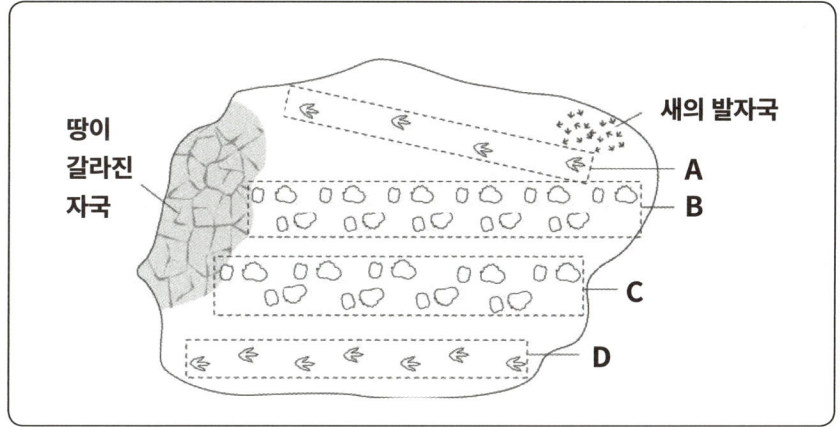

머리에 쏘옥

다양한 정보 숨겨진 공룡 발자국 화석

공룡 뼈나 이빨 화석을 통해서는 공룡의 전체 모양과 크기, 뼈 모양과 구조도 알 수 있습니다.

발자국 화석에는 여러 가지 정보가 담겨 있습니다.

먼저 공룡 발의 실제 모양을 짐작할 수 있습니다. 또 발자국의 위치를 보면, 공룡이 어떤 모양으로 걸었으며, 네 발로 걸었는지 두 발로 걸었는지 분석이 가능합니다.

발자국 간격을 보면 걸으면서 걸음걸이를 어떻게 바꿨는지 알 수 있고, 발자국 간격의 길이를 재면 걷는 속도를 알 수 있습니다.

발자국의 개수와 모양을 비교할 경우 얼마나 많은 종류의 공룡이 함께 지나갔는지 알 수 있답니다. 공룡의 종류에 따라서 발의 모양이 다르니까요.

한 종류의 발자국이 넓은 지역에 걸쳐 있다면, 이 공룡은 무리지어 생활했을 가능성이 큽니다.

발자국 화석만으로는 어떤 종류의 공룡인지 알 수는 없습니다. 이때에는 근처에서 완전한 뼈 화석이 발견되어야 서로 비교해 그 종류를 파악할 수 있습니다.

생각이 쑤욱

4 찰흙을 이용해 나뭇잎 화석을 만드는 실험을 한 뒤, 나뭇잎 화석과 공룡 흔적 화석의 공통점을 1분 동안 설명해요.

<나뭇잎 화석 만드는 방법>

1. 찰흙 덩어리를 평평하게 편 뒤 식용유를 바르고 나뭇잎을 올린다.
2. 다른 찰흙 덩어리를 나뭇잎 위에 놓고 살짝 누른다.
3. 위에 놓인 찰흙 덩어리와 나뭇잎을 떼어 낸다.
4. 나뭇잎 흔적이 남은 것을 실제 화석과 비교한다.

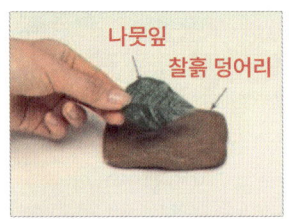  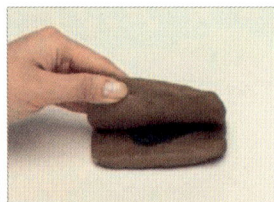

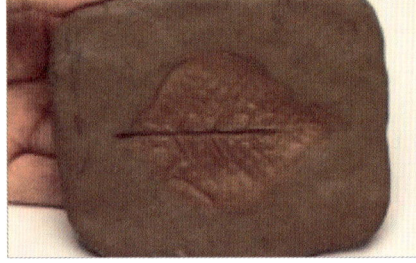 

완성된 모양 화석   **실제 화석**

5 공룡 화석으로 유명한 경남 고성에서 공룡 축제를 열려고 해요. 공룡 화석을 주제로 할 수 있는 체험 행사를 한 가지만 정해 행사 계획을 짜 보세요.

행사 이름	
행사 목적	
내용	
준비물	
참가 대상	
기타	

머리에 쏘옥

공룡 화석 어떻게 만들어지나

바람이나 물은 땅 위의 모래나 흙, 자갈 등을 다른 곳으로 옮깁니다.

옮겨진 모래나 흙 등은 호수나 늪, 바다 밑바닥처럼 낮은 곳에 차곡차곡 쌓입니다. 오랫동안 모래나 흙이 계속 쌓이면 위에서 누르는 압력을 받아 딱딱하게 굳어집니다.

모래와 흙이 쌓일 때 그 속에 있던 생물이 함께 쌓이기도 합니다. 생물이 죽으면 부드러운 부분은 대부분 썩어서 없어지지만, 뼈나 이빨처럼 딱딱한 부분은 오래되어도 그대로 남는답니다.

이처럼 딱딱한 물질에 생물의 흔적이 남은 것을 화석이라고 합니다.

땅속에서 만들어진 화석은 지각 변동이 있거나 비바람에 깎여서 지표면 가까이에 모습을 드러냅니다. 이것을 사람들이 보게 되는 것이죠.

우리나라에서 가장 많이 발견되는 공룡 발자국 화석은, 공룡들이 갯벌이나 모래 바닥에 남긴 발자국이 시간이 지나면서 굳어져 만들어진 것입니다.

발자국 위로 진흙이나 모래가 쌓여 단단한 돌이 되었다가 파도나 강물, 바람 등에 쓸려 윗부분이 사라지면 발자국 화석이 드러난답니다.

생각이 쑤욱

6 공룡 발자국 화석 주변에 세울 안내판을 만들어 보세요.

☞관찰할 때 주의할 점, 훼손된 화석을 발견했을 때 신고하는 요령과 연락처 등이 들어가야 합니다.

7 공룡 화석을 훼손하거나 훔쳐 가는 사람에게 어떤 벌을 주었으면 좋을지 말해 보세요.

머리에 쏘옥

외국에서는 공룡 화석을 어떻게 관리하나

미국의 정부 관청인 국토관리국에는 공룡 화석을 전문적으로 연구하는 공룡학자들이 일하고 있습니다.

공룡학자들은 자신이 맡은 지역에서 화석이 발견되면 전문 지식을 바탕으로 화석을 캐내 박물관으로 옮길지, 그 자리에 두고 보존할지 결정합니다.

여러 사람이 한 지역을 관리하는 것이 아니어서 화석을 잘 보존할 수 있답니다. 이들은 또 자신이 담당하는 지역에 현장 학습을 하러 오는 학생들을 교육하는 일을 합니다.

우리나라의 경우 화석 산지에서 이뤄지는 교육은 거의 비전문가들이 맡습니다.

정부에서 공룡 화석 산지를 법으로 정해 관리하는 나라도 있습니다. 세계 최대의 공룡 화석 산지인 몽골의 경우 정부의 허락 없이는 화석 산지 안에 들어갈 수 없도록 법으로 정했습니다. 이를 어기면 많은 벌금을 물리고, 외국인의 경우 나라 밖으로 쫓아내기도 합니다.

행복한 논술

　우리나라에서 발견된 공룡 화석들이 보호 관리가 제대로 되지 않아 훼손된 것이 적지 않습니다. 우리나라에서 발견되는 공룡 화석은 발자국 화석 등 흔적 화석이 대다수입니다. 흔적 화석은 뼈 화석보다 사람들의 관심이 덜하기 때문에 훼손되거나 도난당하기 쉽습니다. 공룡 화석을 연구하면 공룡이 살았던 시대의 자연 환경과 공룡의 생활 방식 등을 알 수 있습니다. 공룡 화석의 중요성을 알고, 정부와 지방자치단체, 지역 주민, 관람객들이 함께 화석 보호에 적극 나서야 합니다.

공룡 화석의 종류와 가치를 설명하고, 공룡 화석을 보존할 방법을 말해 보세요(500~600자).

03 성공하려면 집안일 도와라

▲가족들이 함께 설거지를 하며 즐거운 시간을 보내고 있다. 어린이들은 집안일을 돕는 과정에서 인성이 발달한다.

어릴 적부터 집안일을 많이 도울수록 공부도 잘하고 직업적으로 성공한다는 연구 결과가 나왔습니다. 집안일을 하는 과정에서 책임감과 공감 능력 등 성공에 필요한 인성이 발달하기 때문입니다. 그런데 우리나라의 어린이들은 공부에만 내몰려 집안일을 거의 하지 않습니다. 어린이들이 집안일을 도우면 좋은 까닭을 알아 보고, 집안일에 습관을 들이는 방법을 공부합니다.

▣ 이런 걸 공부해요

이슈 집안일 할수록 공부도 잘한다

◆ 우리나라 어린이들은 집안일 거의 안 해
◆ 왜 집안일 해야 하나

토론 집안일 돌보기 습관을 들이자

◆ 작은 일부터 시작해 점차 중요한 일로 넓혀야

이슈 | 집안일 할수록 공부도 잘한다

우리나라 어린이들은 집안일 거의 안 해

우리나라 어린이들은 대다수가 공부를 하느라 바빠 집안일에 무관심하다. 정부가 최근 조사한 자료에 따르면, 초등학생의 하루 평균 공부 시간은 6시간 14분인데, 집안일을 돕는 시간은 13분에 그쳤다. 학년이 올라갈수록 공부 시간은 느는 반면, 집안일을 돕는 시간은 줄었다.

그런데 2015년 미국 미네소타대학교 연구진은, 아주 어렸을 적부터 집안일을 도우며 자란 어린이일수록 공부도 잘하고 직업적으로도 성공한다는 연구 결과를 내놨다. 집안일을 하는 과정에서 성취감과 책임감, 자신감이 강화되기 때문이다. 연구진은 84명을 대상으로 유치원 때부터 20대 중반까지의 성장 과정을 관찰했다. 이 가운데 3~4세에 청소나 심부름 등을 시작한 어린이들이 10대에 시작하거나 아예 하지 않는 어린이보다 다른 사람들과의 관계도 더 좋았다. 연구진은 또 집안일을 하면 남이 필요한 것을 돕고, 공감하는 감성 능력도 길러진다고 밝혔다.

▲어린이들이 수업 시간에 집안일의 종류를 배우고 있다. 집안일은 직접 실천하면서 익혀야 한다.

▲미네소타대학 연구에 따르면 집안일을 시작하는 나이가 어릴수록 다른 사람들과 관계를 맺는 능력이 더 발달했다.

스페인에서는 어린이들에게 의무적으로 집안일을 시키는 법을 만들자는 주장까지 나왔다.

전문가들은 자녀들의 인성 발달을 위해 집안일 돕기가 꼭 필요한데, 공부만 시키면 남을 배려하는 것보다 성적을 더 중요하게 여긴다고 지적했다.

한겨레 기사 등 참조

이슈

왜 집안일 해야 하나

과거에는 어린이들이 농사일을 돕거나, 동생을 돌보고 심부름하는 것을 당연하게 여겼다. 지금은 경쟁이 심하다 보니 자녀에게 공부만 강조하고, 집안일을 시키지 않는 부모들이 많아졌다. 자녀를 적게 낳기 때문에 자녀를 귀하게 여기는 탓도 크다.

집안일을 해 보지 않고 어른이 되면, 자기 이익만 챙기는 이기적인 사람이 될 수 있다. 식사 준비와 집 정리 등 생활에 필요한 일을 혼자 해결하지 못해 남에게 의존할 수도 있다.

집안일은 공동체 의식을 기르고, 인성을 발달시키는 데 효과적이다. 어릴 적부터 집안일을 거들면 가족의 역할과 협력 관계도 배우고, 공동체 구성원으로서 책임감도 느낄 수 있다. 나아가 다른 사람과 의사를 소통하는 방법과 공감할 수 있는 능력도 강화된다.

집안일은 또 지식만으로 해결되지 않고, 몸을 쓰면서 익혀야 하기 때문에 인내심과 집중력도 생긴다.

집안일을 책임지고 해내면 성취감이 커지고, 성공 경험이 쌓여 매사에 자신감이 생긴다. 그리고 집안일은 주로 의식주에 관련된 일이므로 다양한 직업 체험을 할 수 있는 기회가 되기도 한다. 따라서 자신의 직업적 흥미나 적성을 일찍 발견할 수 있고, 노동의 소중함도 깨달을 수 있다.

한국일보 기사 등 참조

▼과거에는 어린이들도 동생을 돌보는 일이 흔했다. 사진은 우리나라의 대표적인 화가 박수근(1914~65)의 '아기 보는 소녀'.

▲한 어린이가 요리를 도우며 즐거워하고 있다. 식사 준비를 돕다가 요리사의 꿈을 갖게 되기도 한다.

토론

집안일 돌보기 습관을 들이자

작은 일부터 시작해 점차 중요한 일로 넓혀야

집안일을 잘하려면 쉬운 일부터 실천하며 흥미를 느끼는 것이 중요하다. 식사할 때 숟가락을 놓거나 냉장고에서 반찬을 꺼내는 일 등 처음에는 일부 역할을 맡는다. 그러다 익숙해지면 요리하기 등으로 단계를 높이는 것이다. 작은 일도 자기 역할을 정해 스스로 해내면 책임감과 성취감이 강화된다.

집안일을 하는 시간도 규칙적으로 정하고, 계획을 구체적으로 세워 실천한다. 예컨대 저녁을 먹기 전 1시간을 집안일 돕기로 정하고, 공부 시간표처럼 달력에 표시하는 것이다. '빨랫감은 한곳에 모으고, 사용한 컵은 개수대에 갖다 놓자.' 등 구체적인 행동 목표도 정하는 것이 좋다.

집안일에 습관이 들면 점차 시간을 늘리고, 새로운 일에 도전한다. 지금까지 이불 정리 등 스스로 할 일을 부모가 대신했다면, 그것부터 시도한다. 그러면서 우편함에서 우편물 가져오기 등 조그만 일이라도 가족을 위한 일로 넓힌다.

집안일은 용돈 등 대가 없이 가족을 위하는 마음으로 해야 한다. 전문가들은 가족 모두를 위한다는 생각이 강할수록 참여도가 높다고 밝혔다. 따라서 가족 회의를 통해 집안일의 목록을 정하고, 누가 어떤 일을 맡을지 정하면 참여도를 높일 수 있다.

▲구두 닦기나 심부름, 거실 청소 등 어린이들이 할 수 있는 집안일은 많다.

▲한 어린이가 가족 회의 시간에 자신의 의견을 발표하고 있다.

경향신문 기사 등 참조

토론

인성

사람의 성질이나 됨됨이를 말한다. 자신의 감정을 조절하거나 남과 소통하는 방법을 결정한다. 사회 문제가 갈수록 늘어나며, 인성 교육의 중요성이 강조되고 있다. 인성 교육은 말이나 글로 배우는 것보다 집안일처럼 본보기를 보고 따라하는 등 체험하면서 저절로 몸에 익히는 것이 효과적이다.

▲집안일을 하면 인성이 발달한다.

공감 능력

다른 사람의 상황이나 기분을 느낄 수 있는 능력을 말한다. 다른 사람의 얼굴과 몸짓을 보거나 말을 들으며 떠오른 감정을 읽는 순간부터 공감이 시작된다. 공감 능력은 공동체 생활을 하며 다른 사람과 의사를 소통하고 관계를 맺을 때 꼭 필요하다. 집안일을 많이 할수록 가족들의 입장을 이해하고, 고통을 같이 느낄 수 있으므로 공감 능력이 크게 향상된다.

▲어린이가 엄마와 함께 요리를 해 보면, 음식을 준비한 사람의 노력에 감사할 줄 안다.

노동

사람이 생활에 필요한 것을 얻기 위해 신체적 또는 정신적 노력을 들이는 것을 말한다. 집안일을 가사 노동이라고도 한다. 사람은 노동을 하면서 다른 사람과 관계를 맺고, 자신의 가치를 깨달을 수 있다. 노동은 반복할수록 요령이 생겨 질이 좋아진다. 집안일을 하면 미래 직업을 탐색하는 데도 도움이 된다.

▲쓰레기 분리 수거는 어린이가 쉽게 할 수 있는 집안일이다.

생각이 쑥

머리에 쏘옥

1 어린이들이 할 수 있는 집안일을 아는 대로 말하고, 집안일을 하면 좋은 점을 밝히세요.

| 입을 것과 관련된 일 | 먹을 것과 관련된 일 | 집과 관련된 일 |

집안일을 하면 좋은 점

어린이들이 할 수 있는 집안일

집안일은 청소와 식사 준비 등 가족이 생활하기 위해 필요한 모든 일을 말해요.

가족 가운데 누군가가 집안일을 하지 않으면 편안하게 지낼 수 없을 거예요.

방과 거실, 부엌, 화장실, 베란다 등 구석구석을 청소하는 일은 가족의 건강을 위해 꼭 필요하답니다. 쓰레기와 먼지 등을 제때 치우지 않으면 병에 걸릴 수 있어요.

물건이 제자리에 정돈되어 있지 않으면 보기만 해도 짜증이 나지요. 나중에 필요한 물건을 찾기도 쉽지 않답니다.

가족이 먹을 음식 준비도 집안일입니다. 메뉴 정하기와 시장 보기, 요리하기, 식탁 차리기, 설거지 등 여러 과정을 거쳐야 합니다. 엄마 혼자서 모두 한다면 시간도 걸리고 힘도 들 것입니다.

옷이나 수건, 이불 빨래도 빼 놓을 수 없지요. 더럽혀진 옷을 입고 다니면 친구들이 피할 거예요. 건조시킨 빨래를 정리해 옷장에 넣는 일도 중요합니다.

어린 동생을 돌보거나 아파서 혼자 움직이기 힘든 가족을 부축하는 것도 집안일입니다.

이 밖에 우편물 관리와 화분에 물 주기도 있어요.

2 집안일을 하는 과정에서 자신의 흥미와 적성을 발견해 장래 희망을 정하는 경우도 있어요. 집안일에서 탐색할 수 있는 직업의 종류를 세 가지만 들어요.

☞예)집 꾸미기를 좋아하면 인테리어 디자이너가 어울려요.

3 나와 부모님의 집안일에 관한 생각입니다. 잘못된 점을 지적해 설득하는 댓글을 달아요.

| 나 | 숙제하기 바빠 집안일을 도울 시간이 없어요. |

→

| 엄마 | 아이가 설거지하면 오히려 엉망진창이 돼요. 그래서 '그냥 엄마가 할게.'라고 말했어요. |

→

| 아빠 | 집안일은 직장에 다니지 않는 사람이 하면 돼요. |

→

생각이 쑤욱

4 가사 도우미 로봇이 우리 집에 있다면, 집안일을 계속할지, 로봇에게 모두 맡길지 의견을 말해 보세요.

☞집안일을 하면 좋은 점과 그 시간에 공부 등 다른 일을 할 때의 좋은 점을 비교해 생각하세요.

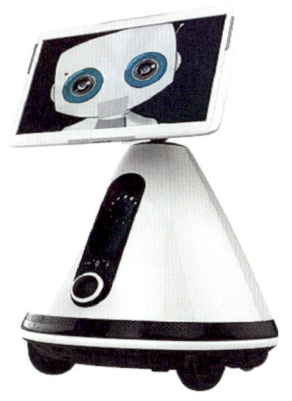

▲가사 도우미 로봇.

5 다음은 '산토끼' 노래입니다. '집안일을 돕자'는 주제로 이 곡에 맞춰 노랫말과 제목을 지으세요.

머리에 쏘옥

집안일을 로봇에게 모두 맡기면 안 되는 까닭

우리 집에 가사 도우미 로봇이 있다면 집안일을 안 해도 될까요?

전문가들에 따르면 육체적으로 힘이 덜 드는 등 집안일의 모습만 바뀔 뿐, 집안일 자체가 사라지지는 않을 거라고 하네요.

세탁기가 발명되었지만, 빨래를 개고 정리하는 등 사람이 해야 할 부분이 있다는 것이지요.

로봇이 집안일을 모두 대신할 수 있을 것으로 보는 사람들도 있어요. 사물 인터넷 시대가 열려 기계들이 서로 정보를 주고받을 수 있게 되기 때문이죠. 이렇게 될 경우 세탁기가 스스로 작동하고, 로봇에게 연락하면 로봇이 와서 세탁물을 정리한다는 것입니다.

문제는 기술적인 것이 아니라 집안일을 대하는 마음가짐이지요.

집안일은 가족이 생활을 계속해 나가기 위해 꼭 필요한 일입니다. 집안일을 함께 하는 과정에서 공동체 의식을 느끼고, 가족 사랑을 확인할 수 있답니다. 어린이들의 인성도 발달하지요.

로봇이 모든 것을 대신하면 가족 관계도 멀어지고, 공동체 생활도 따로 교육을 받아야 할 것입니다. 인성 교육도 문제지요.

생각이 쑥쑥

6 어린이들에게 의무적으로 집안일을 시키는 법을 만든다고 합니다. 여러분의 의견은 어떤지 찬성과 반대 가운데 한 가지 의견을 골라 주장하세요.

> 찬성입니다. 집안일은 책임감과 배려심, 공감 능력을 길러 주는 등 교육적으로 꼭 필요하기 때문입니다.

> 반대입니다. 집안일을 하는 것이 도움은 되지만 강제로 시키면 안 되고, 공부할 시간도 부족하기 때문입니다.

7 집안일을 나누기 위해 가족 회의를 열려고 해요. '가족 회의 계획서'를 만들고, 자신이 제안하고 싶은 내용을 채워요.

가족 회의 계획서

구분	가족 회의 내용
주제	
날짜와 시간	
장소	
참석자	
내가 할 수 있는 집안일	☞집안일의 종류와 하는 시간, 방법 등을 구체적으로 밝힙니다.
가족에게 하는 제안	

머리에 쏘옥

집안일하며 가족과 소통

한 텔레비전 프로그램에서 최근 집안일을 함께 하며 가족끼리 더 친해지는 이야기가 소개되었습니다.

이 프로그램에 나온 아빠와 딸은 서먹서먹한 사이였어요. 딸이 오랫동안 유학 생활을 하며 아빠와 떨어져 지냈기 때문이죠.

아빠는 딸과 가까워지기 위해 집안일을 같이 합니다. 딸에게 청소기를 돌리는 법과 빨래 개기, 다리미질 등을 가르쳐 주지요. 그 가족은 공통의 관심사가 생기자 대화가 늘었고, 사랑도 표현하게 되었어요.

▲아빠(오른쪽)가 딸에게 청소기를 사용하는 방법을 설명하고 있다.

행복한 논술

우리나라 어린이들은 공부에 내몰려 집안일을 돕는다는 생각조차 못하고 있습니다. 그런데 2015년 미국 미네소타대학의 연구진은 어릴 적부터 집안일을 도울수록 공부도 잘하고 직업적으로 성공한다는 연구 결과를 발표했습니다. 집안일을 하면서 책임감과 배려심 등 사회 구성원으로서 갖춰야 할 인성도 배우기 때문입니다. 집안일에 습관을 들이려면 쉬운 일부터 실천해 흥미와 성취감을 느끼는 것이 좋습니다. 집안일은 시간을 규칙적으로 정하고, 구체적으로 계획을 세워 실천해야 효과적입니다. 무엇보다 가족을 위해 대가 없이 한다는 마음가짐이 중요합니다.

어릴 적부터 집안일을 도와야 하는 까닭과 어린이들이 도울 수 있는 집안일을 설명하고, 집안일을 효과적으로 할 수 있는 방법을 소개하세요(500~600자).

04 속담에 담긴 문화 읽기

▲ 초등학생들이 '속담골든벨' 대회에서 답을 맞히고 있다.

우리 속담을 모르는 학생들이 많습니다. 평소 생활에서 속담을 접할 기회가 적은 데다 학교에서도 가르치지 않기 때문입니다. 속담을 쓰면 자신의 뜻을 효과적으로 전달할 수 있으며, 듣는 이에게 쉽게 공감을 불러일으킬 수 있습니다. 속담이 어떻게 만들어졌으며, 속담을 사용하면 어떤 점이 좋은지 공부합니다.

📖 이런 걸 공부해요

이슈 속담에는 조상의 지혜 담겨 있어
- ◆ 학교에서 가르치지 않아 속담 모르는 학생 많아
- ◆ 속담 언제 어떻게 만들어졌나

토론 속담 자주 사용해야 친해진다
- ◆ 전래 동화 많이 읽고 평소 말할 때 섞어 써야
- ◆ 외국에도 속담 있어… 문화나 국민성 따라 달라

이슈
속담에는 조상의 지혜 담겨 있어
학교에서 가르치지 않아 속담 모르는 학생 많아

학교에서 국어를 가르치는 이행복 선생님은 고민에 빠졌다. 우리 속담 20개를 내고 뜻을 적는 문제 가운데 5개 이상 답을 맞힌 학생이 없었기 때문이다. 선생님은 '갈수록 태산이다'나 '목구멍이 포도청'처럼 자주 쓰는 속담의 뜻조차 제대로 적지 못한 답안지를 보며 한숨을 쉴 수밖에 없었다.

학생들이 우리 속담을 잘 알지 못하는 까닭은 학교에서 가르치지 않는데다, 어렸을 적부터 우리 전래 동화는 외면한 채 외국 동화만 즐겨 읽어 속담을 접할 기회가 적었기 때문이다. 사회 변화가 빨라 속담에 나오는 사물들이 낯설어진 탓도 크다.

▲ 속담에는 조상의 지혜와 경험이 담겨 있다.

최근 서울의 한 초등학교에서 전교생 240명에게 물었더니 '뜻을 잘 알지 못해서'라든지 '언제 써야 할지 모르고 익숙하지 않아서' 등의 이유로 속담을 잘 사용하지 않았다.

속담은 옛날부터 입으로 전해 내려오는 교훈이나 풍자가 담긴 말인데, 조상들이 오랜 세월 생활에서 얻은 지혜와 경험이 담겨 있다. 대개 10자 안팎으로 길이가 짧은 편이어서 쉽게 사용되고 빨리 퍼지는 성질이 있다. 조상들의 경험이 바탕에 깔려 있기 때문에 긴 말로 설명하는 것보다 의미를 쉽게 전달할 수 있고, 듣는 사람도 공감을 느끼게 된다.

조선일보 기사 등 참조

이런 뜻이에요
갈수록 태산이다 갈수록 더욱 어려운 상황에 놓이는 경우를 말함.
목구멍이 포도청 먹고살기 위해 해서는 안 될 일까지 할 수밖에 없음을 말함.
교훈 행동이나 생활에 지침이 될 만한 가르침.
풍자 남의 결점을 다른 것에 빗대어 깨우치게 하면서 비판함.

이슈

속담 언제 어떻게 만들어졌나

우리 역사에 처음 나오는 속담은 『삼국유사』에 기록된 '내 일 바빠 한댁 방아'다. 내 일을 하는 데 도움을 받으려면 다른 사람의 일부터 먼저 해 줘야 한다는 말이다. 속담이 등장한 지 적어도 1000년이 넘은 셈이다.

속담은 지혜가 담겨 있다는 점에서 격언과 닮았다. 하지만 격언은 지은이가 알려져 있고 교훈적인 성격이 강한데 비해, 속담은 지은이를 모르고 재미있는 표현이 많다는 점에서 다르다.

속담은 오랜 기간에 여러 사람을 거치며 다듬어졌다. 한 사건이 일어나면 비유를 통해 그 사건을 나타내는 말이 나오는데, 이 말이 사람들의 입에 오르내리며 여러 사람이 공감할 수 있게 바뀌는 것이다. 속담에 나오는 생활 모습이나 물건이 익숙한 대상인 점도 이 때문이다.

속담은 사람들에게 가르침을 주고, 좋은 방향으로 이끌어 주는 역할을 한다. '똥 묻은 개가 겨 묻은 개 나무란다'처럼 상대의 잘못된 점이나 약점을 꼬집어 고치도록 하는 것이다. '공든 탑이 무너지랴'라는 속담은 삶에서 필요한 지혜나 교훈을 준다. '등잔 밑이 어둡다'에서는 오랜 경험 끝에 얻은 사실이나 진리를 배울 수 있다.

▲ 지게와 삽 등 속담에 자주 나오는 농기구.

속담	뜻풀이
고양이 목에 방울 달기	그럴 듯한 일이지만 하기는 힘들다.
꼬리가 길면 밟힌다	나쁜 일을 계속하면 결국 들킨다.
공든 탑이 무너지랴	정성을 기울인 일은 헛되지 않다.
낫 놓고 기역자도 모른다	글자를 전혀 모르는 무식한 사람이다.
달면 삼키고 쓰면 뱉는다	옳고 그름을 돌보지 않고 자기 이익만 꾀한다.
닭 쫓던 개 지붕 쳐다보듯 한다	애를 쓰다가 남에게 뒤떨어져 어찌할 수가 없다.
똥 묻은 개가 겨 묻은 개 나무란다	제 결점이 큰데도 남의 작은 허물을 탓한다.
등잔 밑이 어둡다	남의 일은 잘 알 수 있으나 자기 일은 제가 잘 모른다.
목구멍이 포도청	먹고살려면 어쩔 수 없이 어떤 일이라도 한다.
발 없는 말이 천리 간다	소문은 빨리 전달되므로 말을 조심해야 한다.
열 번 찍어 안 넘어가는 나무 없다	여러 번 계속 애쓰면 어떤 일이라도 이룬다.

동아일보 기사 등 참조

이런 뜻이에요

삼국유사 고려 충렬왕(재위 1236~1308) 때 일연(1206~89) 스님이 고구려, 백제, 신라 삼국의 역사를 정리한 책.

속담 자주 사용해야 친해진다

전래 동화 많이 읽고 평소 말할 때 섞어 써야

속담을 익혀 언어 생활을 풍부하게 하고, 조상의 문화도 알려면 학교에서부터 가르쳐야 한다.

경기도 고양시의 한 초등학교에서는 속담에 관한 학생들의 관심을 높이기 위해 해마다 속담 대회를 연다. 이 학교는 교실 복도나 현관에 속담과 뜻풀이를 적어 붙여 둔다. 그리고 조회 때마다 교장 선생님이 속담을 섞어 학생들에게 부탁하는 말을 전하기도 한다. 교사들도 수업 시간에 속담을 활용해 교과 내용을 설명한다.

학생 스스로 속담을 익히려는 노력도 필요하다. 전래 동화를 많이 읽거나, 속담이 들어간 책을 골라 읽는 것이다. 속담에 등장하는 농기구 등 옛 물건이 낯설 경우 요즘 것으로 바꿔 이해하면 빨리 암기할 수 있다.

▲ 경기도 고양시의 한 초등학교에서 계단을 이용해 속담을 알리고 있다.

배운 속담을 내 것으로 만들려면 되도록 많이 사용해야 한다. 일기를 쓸 때 문장에 넣어 사용해 보고, 자신감이 붙으면 다른 사람과 대화할 때 섞어 쓰는 시도를 한다. 특히 교실에서 친구들끼리 다툼이 생겼을 때 사용하면 분위기가 부드러워져 문제가 빨리 풀릴 수 있다.

의견을 주장할 때도 속담을 쓰면 상대를 쉽게 설득할 수 있는 장점이 있다. 무엇보다 속담이 나오게 된 배경 이야기를 알면 속담을 지을 수 있는 창작 능력도 생긴다.

조선일보 기사 등 참조

토론

외국에도 속담 있어… 문화나 국민성 따라 달라

▲ 태국의 '흰 코끼리'라는 속담은 '처치 곤란한 물건'을 의미한다.

　외국에도 우리나라처럼 속담이 있다. 외국의 속담 가운데는 서로 비슷한 교훈을 주는 것도 있고, 각 나라의 문화나 국민성에 따라 차이를 보이는 것도 있다.
　미국 속담에 '손에 든 새 한 마리가 숲속에 있는 두 마리 새보다 낫다'고 하는데, 비슷한 속담을 독일과 루마니아, 이탈리아, 스페인, 포르투갈 등에서도 볼 수 있다.
　우리나라와 일본, 중국에는 비슷한 속담이 적지 않다. 한자를 쓰고 유교의 영향을 받았으며, 주로 농사를 지었다는 공통점이 있기 때문이다. '콩 심은 데 콩 나고 팥 심은 데 팥 난다'는 말은 세 나라에서 모두 볼 수 있는 대표적인 속담이다.
　코끼리가 흔한 태국에서는 코끼리와 관련된 속담이 많다. '코끼리 타고 메뚜기 잡는다'는 말은 메뚜기 같은 작은 곤충을 잡는데, 코끼리처럼 큰 동물을 이용하는 것은 어리석은 행동이라고 꾸짖는 말이다. '코끼리 똥 누는 것을 보고 코끼리 따라 똥 눈다'는 속담은 코끼리의 습성을 잘 알고 있어 만들 수 있다.
　일본은 지진이 많이 일어나므로 지진 관련 속담이 많다. '메기가 날뛰면 땅이 흔들린다'는 속담은, 지진이 일어나기 전에 메기가 수면 위로 떠오르는 등 불안한 움직임을 보이기 때문에 생겼다.

동아일보 기사 등 참조

이런 뜻이에요
손에 든 새 한 마리가 숲속에 있는 두 마리 새보다 낫다 확실하지 않은 것 때문에 이미 가진 것을 포기해서는 안 된다는 말.
콩 심은 데 콩 나고 팥 심은 데 팥 난다 모든 일은 근본에 따라 거기에 걸맞은 결과가 나타난다는 말.
코끼리 똥 누는 것을 보고 코끼리 따라 똥 눈다 가난한 사람이 부자처럼 사치하려 든다는 말.

생각이 쑤욱

1 학생들이 속담을 잘 모르는 까닭은 무엇인가요?

2 소, 말, 하늘은 속담에 자주 나오는 소재입니다. 각 단어가 들어간 속담을 하나씩 대고, 그 속담에서 알 수 있는 조상의 생활 모습과 지혜를 말해 보세요.

	소	말	하늘
속담			
생활 모습			
지혜			

머리에 쏘옥

속담에 나오는 소재

▲외양간

속담에는 조상들의 생활 모습이나 지혜가 담겨 있습니다. '소 잃고 외양간 고친다'와 '등잔 밑이 어둡다'는 속담에서는 집집마다 외양간이 있었고, 밤에 조명을 위해 등잔불을 사용했던 생활 모습을 각각 알 수 있지요.

'가는 말이 고와야 오는 말이 곱다'는 속담에서는 말을 조심하라는 교훈을 얻을 수 있습니다. '하늘은 스스로 돕는 자를 돕는다'에서는 노력을 중요하게 생각하는 조상의 생각이 나타나 있지요.

속담에는 이처럼 조상들의 생활 또는 경험이 담겨 있으므로, 속담에 사용된 소재도 주변에서 쉽게 볼 수 있는 것들이 많답니다.

3 속담에는 만들어진 당시의 상황이 담겨 있습니다. 따라서 시대가 변하면서 내용이 바뀌어야 하는 것도 있는데, 표에 나온 속담들을 지금 시대에 맞게 바꾸세요.

원래 속담	암탉이 울면 집안이 망한다.
뜻풀이	남자를 제쳐놓고 여자가 모든 일을 나서서 하면 일이 제대로 되지 않는다는 뜻.
고친 속담	
고친 까닭	

원래 속담	양반은 얼어죽어도 짚불은 안 쬔다.
뜻풀이	양반은 아무리 어렵고 다급해도 체면을 깎는 짓은 하지 않는다는 뜻.
고친 속담	
고친 까닭	

생각이 쑤욱

4 속담을 사용해 친구의 잘못을 고치라고 충고하는 말을 하려고 해요. 친구 입장에서 속담을 사용하지 않고 바로 잘못을 지적했을 때와 어떤 차이가 있을까요?

성질이 급한 경우	● 속담 : 급하면 바늘허리에 실 매어 쓸까. ● 뜻풀이 : 일에는 순서가 있으므로 아무리 급해도 순서를 밟아 처리해야 한다.
버릇이 나쁜 경우	● 속담 : 세 살 버릇 여든까지 간다. ● 뜻풀이 : 어릴 적 몸에 밴 버릇은 고치기 어려우니 나쁜 버릇이 들지 않도록 조심해야 한다.
말이 거친 경우	● 속담 : 말 한마디에 천 냥 빚도 갚는다. ● 뜻풀이 : 말은 생활에서 큰 영향을 끼치니 말할 때 애써 조심해야 한다.

머리에 쏘옥

속담의 효과

▲속담을 쓰면 말뜻을 분명하게 전달할 수 있다.

상황에 따라 적절한 속담을 골라 사용하면 전달력이 뛰어나답니다.

다른 사람을 설득해야 할 경우 의견을 바로 주장하는 것보다는 속담을 곁들여 말하면 간접적으로 뜻을 전달할 수 있지요. 그러면 듣는 사람이 거부감이 덜하답니다. 또 속담에는 누구나 한 번쯤 겪었을 상황이나 느껴 보았을 감정이 들어 있으므로, 쉽게 공감할 수 있어 대화 분위기를 좋게 하는 효과도 있습니다.

5 속담에는 이야기가 담겨 있지요. 속담 가운데 한 가지를 골라 네 컷 만화로 그 내용을 표현하세요.

생각이 쑤욱

6 세계 여러 나라의 속담에는 비슷한 교훈을 주는 것이 있고, 같은 속담이라도 반대되는 뜻을 가진 것이 있습니다. 속담에서 이런 공통점이나 차이점이 생기는 까닭은 무엇인가요?

공통점이 생기는 까닭	차이점이 생기는 까닭

7 세상을 바르게 사는 데 필요하다고 생각하는 자세를 가르치는 속담을 주변에서 흔히 볼 수 있는 물건을 이용해 두 가지만 지으세요.

필요한 자세	내가 만든 속담
정직하고 속이지 않는 자세	닦아 놓은 유리창이다.

머리에 쏘옥

외국의 다양한 속담

영국에서는 주로 16~17세기에 속담을 즐겨 썼는데, 생활의 지혜가 담긴 것이 많습니다. 한때 속담은 못 배우거나 가난한 사람이 쓰는 말로 여겨 업신여김을 당하기도 했지만 지금은 모든 사람들이 즐겨 씁니다. 잘 알려진 영국 속담으로는 '가난은 매섭지만 좋은 교사이다', '자기보다 큰 적은 없다', '자식에게 공부만 시키고 놀게 하지 않으면 바보가 된다', '요람 속에서 배운 것은 무덤에까지 가져 간다' 등이 있습니다.

프랑스에는 '자기를 아는 자는 자기가 가장 못난 사람이라고 생각한다', '한가한 인간은 고인 물처럼 끝내 썩어 버린다', '모든 것을 아는 자는 모든 것을 용서한다' 등의 속담이 있지요.

독일에는 '자식이 없는 사람은 사는 의미를 모른다', '조용한 개가 무는 데 으뜸이다', '재능 있는 사람은 성취하고, 천재는 창조한다' 등의 속담이 쓰입니다. 미국에는 '다른 사람을 판단하기 전에 그 사람의 신을 신고 10리만 걸어 봐라', '시간의 절약은 생명의 연장이다', '필요하지 않을 때 우정을 맺어라' 등의 속담이 있답니다.

행복한 논술

우리 속담을 모르는 학생들이 많습니다. 평소 생활에서 속담을 접할 기회가 적은 데다 학교에서도 가르치지 않기 때문입니다. 속담을 쓰면 자신의 의견을 효과적으로 표현할 수 있을 뿐만 아니라 상대의 공감을 쉽게 얻어낼 수 있는 장점이 있습니다. 상대의 단점을 지적할 때도 기분을 배려하며 자신의 뜻을 전달할 수 있지요. 속담을 익히려면 학교에서 속담을 자주 접할 수 있도록 기회를 만들어 줘야 합니다. 학생 스스로도 책이나 신문을 통해 익히되, 익힌 속담은 자주 사용하려고 노력해야 합니다. 일기나 독후감은 물론 평소 대화할 때도 섞어 쓰면 언어 생활이 풍부해집니다.

속담의 특징과 속담 사용의 장점을 예를 들어 설명하고, 속담을 효과적으로 익힐 수 있는 방법을 제시해 보세요(500~600자).

05 반려견은 장난감인가

▲강원도 춘천시의 한 유기견 보호소에서 주인을 기다리는 유기견들.

정부는 2013년부터 버려지는 개를 줄이기 위해 '반려동물등록제'를 시행하고 있습니다. 인구 10만 명이 넘는 도시에서 개를 기르려면 시청이나 구청 등에 등록해야 합니다. 하지만 이 제도를 모르는 사람들이 많은데다, 알더라도 등록을 꺼리고 있습니다. 유기견이 생기는 원인과 유기견이 일으키는 사회 문제, 유기견 발생을 막기 위한 대책을 공부합니다.

이런 걸 공부해요

이슈 버려지는 반려견 급증
- ◆ 반려동물등록제 아는 사람 적어
- ◆ 반려견 버리면 어떤 문제 일으키나

토론 생명의 소중함 알아야 유기견 줄어
- ◆ 끝까지 보살피는 책임감 가져야
- ◆ "유기견 키우며 책임감 키워요"

이슈 | 버려지는 반려견 급증

반려동물등록제 아는 사람 적어

반려견을 키우는 인구가 2016년 7월 현재 1천만 명을 넘어섰다. 반려 동물을 키우는 인구가 늘면서 버려지는 개도 한 해 9만 마리에 이르고 있다.

정부는 2013년부터 유기견을 줄이고, 키우던 개를 잃어버리지 않도록 하기 위해 '반려동물등록제'를 시행하고 있다. 인구 10만 명이 넘는 도시에서 태어난 지 3개월 이상이 된 개를 기르는 사람은 시청이나 군청, 구청에 의무적으로 등록해야 한다. 등록 방법은 주인의 인적 사항이 담긴 칩을 몸 안에 넣거나 인식표를 단다. 외장형 무선 식별 장치를 달아도 된다. 지키지 않으면 최대 40만 원까지 물어야 한다.

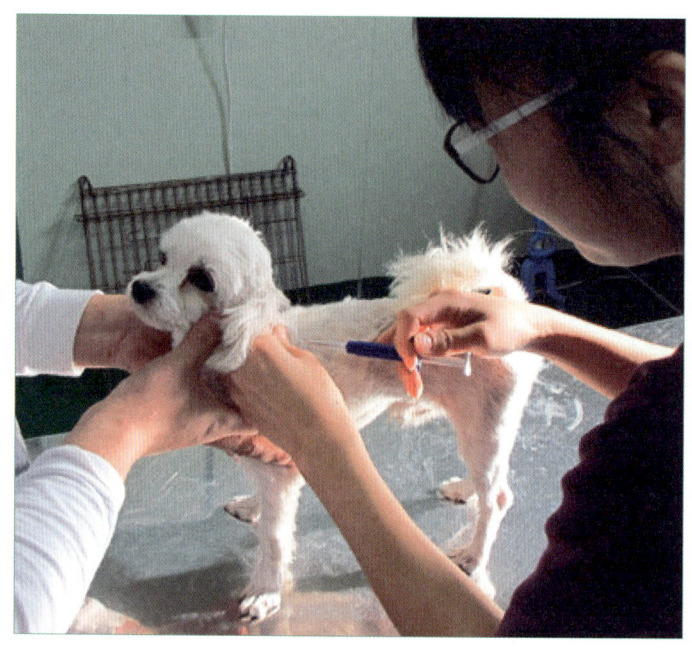
▲동물 병원에서 수의사가 주사를 통해 개의 몸에 칩을 넣고 있다.

문제는 반려견 주인들이 이 제도를 잘 모르는 데 있다. 동물 보호 단체들은 "반려동물등록제를 아는 사람이 많지 않다"며 "지방자치단체의 적극적인 홍보가 필요하다."고 밝혔다.

등록을 꺼리는 반려견 주인들도 많은데, 반려 동물로 등록된 개는 지금까지 100만 마리가 되지 않는다. 칩을 개의 몸에 넣었을 경우 부작용이 걱정되거나 돈이 들기 때문이다. 개를 버리고 단속을 쉽게 빠져 나갈 수 있는 문제점도 있다. 개의 몸에 다는 무선 식별 장치나 인식표의 경우 떼어 버리면 그만이기 때문이다.

경향신문 기사 등 참조

이런 뜻이에요

반려 동물 사람들이 즐거움을 누리기 위해 기르는 애완 동물. 요즘에는 애완 동물을 친구나 가족으로 대하자는 뜻에서 '반려 동물'이라고 부른다.
인적 사항 이름과 주소, 전화번호 등 한 사람에 관해 알 수 있는 내용.

이슈

반려견 버리면 어떤 문제 일으키나

반려견을 버리는 이유는 여러 가지다. 가장 큰 이유는 돈이 들기 때문이다. 개가 병에 걸려 치료비가 많이 들거나 주인이 개를 기르는 데 경제적 여유가 없을 때가 대표적이다. 개를 한 마리 키우려면 사료와 간식, 샴푸 등을 대는 데 매달 10만 원이 넘게 든다. 가족들이 휴가를 가거나 맡길 곳이 없을 때도 버린다. 심하게 짖거나 주인을 공격할 경우, 이사를 가거나 결혼할 때도 그렇다.

▲주인에게 버림받은 개가 거리를 떠돌고 있다.

동물 보호 단체의 한 관계자는 "반려 동물 산업이 크게 성장했지만 반려 동물을 대하는 문화는 성숙하지 못했기 때문."이라고 말했다.

버려진 개들은 거리를 돌아다니다가 굶어 죽거나 차에 치여 죽는 경우가 적지 않다. 유기견 보호소로 옮겨져도 2~4주 안에 주인이 나타나지 않으면 안락사를 시킨다.

▲휴가철에 도로에 버려져 차에 치인 반려견.

유기견이 일으키는 질병 등 사회 문제도 적지 않다. 개들이 먹이를 찾기 위해 쓰레기통을 뒤지다 보면 질병에 걸려 사람들에게도 전염시킬 수 있다. 사람들을 물려고 위협하기도 하며, 도로에 뛰어들어 교통사고도 일으킨다. 정부는 유기견 문제를 해결하기 위해 포획과 보호, 안락사 처리하는 데 해마다 100억 원을 들이고 있다.

한국일보 기사 등 참조

이런 뜻이에요
안락사 고통 없이 인위적으로 생명을 죽이는 행위.

생명의 소중함 알아야 유기견 줄어

끝까지 보살피는 책임감 가져야

▲한 동물 보호 단체가 유치원 어린이들에게 반려견을 대하는 방법을 가르치고 있다.

반려견을 키울 때는 여러 가지로 준비가 필요하다. 준비 없이 물건을 사듯 충동적으로 사다 보니 버리기도 쉽다는 것이다. 동물 보호 단체의 한 관계자는 "개를 구입하기 전에 평균 수명이 15년은 되고, 기르는 비용이 적지 않다는 사실부터 알아야 한다."고 강조했다. 물거나 짖는 행위도 교육을 통해 충분히 고칠 수 있으므로 주인의 노력과 인내가 필요하다.

개는 싫증 나면 버리는 장난감이 아니라 책임지고 끝까지 보살펴야 할 생명체다. 동물 병원의 한 수의사는 "어릴 적부터 생명의 귀중함을 가르치는 교육을 해야 한다."고 말했다.

선진국에서는 유기견 문제에도 적극 나서고 있다. 일본과 싱가포르는 수십 년 전부터 반려동물등록제를 실시하고 있다. 스위스는 개를 분양 받으려면 책임지고 키울 수 있는지 자격 시험까지 치른다. 미국은 언제 예방 접종을 했는지 등 개의 모든 정보를 컴퓨터에 입력해 체계적으로 관리한다. 또 강아지를 사기 전에 유기견 입양부터 먼저 검토한다.

우리나라도 반려동물등록제가 자리를 잡으려면 적극적인 홍보를 통해 반려견 주인들이 자율적으로 참여할 수 있도록 해야 한다.

경향신문 기사 등 참조

토론

"유기견 키우며 책임감 키워요"

　반려견을 가족으로 맞아 사랑이 꽃피는 가정이 많다. 경기도 성남의 정창우(송현초 5) 군 가족은 최근 지역의 한 유기견 보호소에서 강아지 '미르'를 입양했다. 미르는 가족을 잃고 거리를 헤매다 피부병이 심하게 걸린 상태로 구조되어 보호소로 옮겨졌다. 그 뒤 치료를 받아 건강을 되찾았고, 창우네 가족과 만나 새 삶을 찾았다. 창우 군의 어머니는 "창우와 여동생이 미르를 돌보며 배려심과 책임감을 갖게 되었다."고 밝혔다.

　인천에 사는 장가은(연화초 4) 양은 4년 전 외삼촌댁에서 강아지 '돌돌이'를 분양 받았다. 개를 싫어하는 가은 양의 어머니는 일주일 안에 돌돌이가 대소변을 가리지 못하면 돌려보낸다고 말했다. 가은 양과 아버지는 돌돌이가 이상하게 행동하면 서둘러 안고 화장실로 뛰어가는 등 온갖 정성을 다했다. 하지만 어머니는 돌돌이를 이웃집에 보냈다. 가은 양과 아버지가 "돌돌이도 가족인데 함부로 다른 집에 주면 되느냐."며 어머니를 설득했고, 결국 돌돌이는 가은네 집으로 돌아올 수 있었다.

　유기견 보호소의 한 관계자는 "반려견을 끝까지 보살피려는 마음이 중요하다."고 강조했다.

소년한국일보 기사 등 참조

▲경기도 성남의 한 공원에 산책 나온 창우네 가족과 미르.

생각이 쑤욱

1 반려동물등록제의 문제점을 두 가지만 꼽고 해결 방법도 생각하세요.

문제점	해결 방법

머리에 쏘옥

반려견 등록 방법

2013년부터 실시된 '반려동물등록제'는 개만 대상으로 해요.

등록하는 방법은 세 가지입니다. 우선 15자리 고유 번호가 들어 있는 마이크로칩을 강아지 몸에 넣는 방법이 있어요. 다음은 마이크로칩을 목걸이 형태로 거는 방법입니다. 보호자의 이름과 연락처, 동물 등록 번호를 적은 이름표를 다는 방법도 있답니다.

세 가지 방법 가운데 개 주인의 사정에 따라 선택하면 됩니다. 등록을 마치면 사람의 주민등록처럼 반려견 등록증이 나옵니다. 등록하지 않으면 벌로 최고 40만 원까지 돈을 물어야 해요.

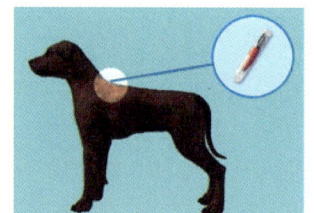

▲ 마이크로칩을 넣는 부위.

2 유기견이 일으키는 문제를 생각그물로 나타내세요.

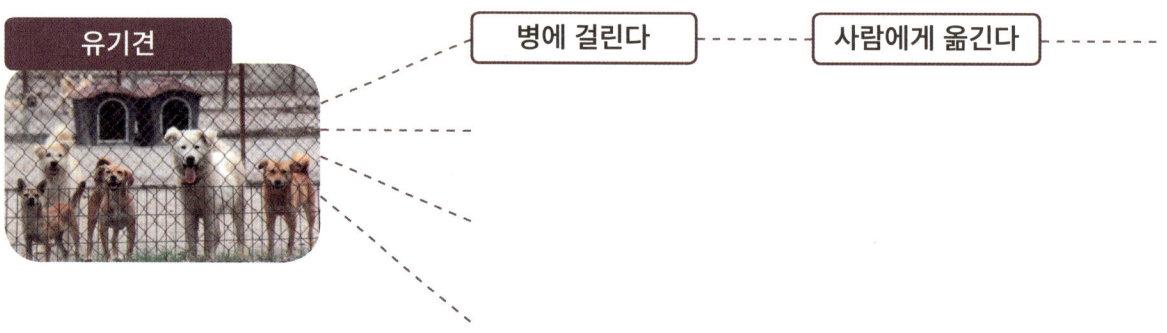

3 아래 예처럼 생각하는 반려견 주인들에게 각각 충고의 말을 해 주세요.

"앙증맞고 예뻐서 샀더니 서너 달 만에 다 커버렸어. 이젠 귀엽지 않다고." →

"온 집안 물건을 다 잡아 뜯어놓고 털도 어찌나 많이 빠지는지 집안꼴이 엉망이야." →

생각이 쑤욱

4 반려견을 키우려면 어떤 마음가짐이 필요한지 본문 내용과 아래 제시한 기사를 참고해 1분 동안 말해 보세요.

> 한 동물 보호 단체가 올해 온라인으로 반려 동물 소유주에 관한 인식 조사를 벌였다. 1000여 명의 응답자 가운데 55퍼센트는 '반려 동물 키우는 것을 중간에 포기한 경험이 있다'고 대답했다. 54퍼센트는 '개를 다른 곳으로 보낸 뒤 개가 잘 지내는지 확인하지 않는다'고 답했다.
>
> 세계일보 기사 등 참조

5 유기견 입양을 늘리기 위한 아이디어를 내 보세요.

머리에 쏘옥

유기견 수출하는 나라

충남의 한 지방자치단체 유기견 보호소에서 외국인을 새 주인으로 맞은 개가 지난 4년 동안 300마리가 넘어요. 2015년에도 35마리는 해외로, 61마리는 국내에 거주하는 외국인에게 입양되었어요. 입양된 유기견은 주로 진돗개 같은 큰 개예요.

한국에선 '개를 먹기 위해 기른다'고 알려진 것도 외국인들이 우리 개들을 입양해 가는 이유 가운데 하나래요.

입양을 원하는 외국인들은 2~3주 동안 신청서를 적고 면접을 치르는 등 까다로운 절차를 거쳐야 해요.

OECD(경제협력개발기구) 회원국들 가운데 우리나라만 유기견을 해외에 입양 보낸다고 해요.

▲유기견 입양 돕기 사진전.

▲유기견 입양 홍보 캠페인에 나선 강아지.

생각이 쑤욱

6 유기견을 줄이기 위해 어린이들에게 생명의 소중함을 가르치는 교육 아이디어를 내 보세요. 동물 사랑을 실천하는 방법도 괜찮아요.

머리에 쏘옥

서울대공원에 반려동물입양센터 열어

서울시는 서울대공원에 반려동물입양센터를 운영하고 있어요.

센터의 유기견들은 각종 전염병과 질병 접종을 마쳤습니다. 또 배변 훈련과 예절 교육 등을 끝내고, 미용까지 마친 모습으로 새 주인을 기다립니다.

입양을 원하는 사람은 센터에 방문해 상담하고, 교육을 받으면 됩니다.

▲서울대공원 반려동물입양센터

7 창우네 가족에게 입양된 미르 입장에서 입양된 날의 일기를 마무리하세요(200자).

○○○○년 ○○월 ○○일 날씨 :

제목 :

보호소를 떠나는 날이다. 며칠 전 창우형네 가족이 나를 입양하기로 했다는 소식을 들었다.

> 행복한
> 논술

　2013년부터 반려동물등록제가 시행되고 있습니다. 해마다 9만 마리의 개들이 버려지는데, 이를 줄이기 위해 만든 제도지요. 유기견이 늘어나면 질병을 옮기는 등 사회 문제가 적지 않습니다. 유기견 보호소에 있는 개들도 2~4주 안에 주인이 나타나지 않을 경우 안락사를 시킵니다. 반려견을 키우려면 끝까지 돌보고 책임지는 마음이 필요합니다. 그래야 사람과 자연, 동물이 더불어 행복한 사회를 만들 수 있습니다. 개를 키울 경우 새로 사기보다는 유기견을 입양하는 것도 한 방법이 될 수 있습니다. 반려견 문화가 발달한 선진국에서는 강아지를 키울 때 유기견 입양을 가장 먼저 검토한다고 합니다.

 행복이는 부모님을 졸라 강아지를 구입해 키우기로 했어요. 행복이에게 유기견이 일으키는 문제점을 설명하고, 새로 사기보다는 유기견을 입양해 기를 수 있도록 설득하세요 (500~600자).

06 아기를 낳지 않는 나라의 비극

▲우리나라 인구는 2012년 6월 23일 5000만 명을 넘어섰지만, 출산율이 세계 꼴찌 수준이어서 문제가 되고 있다.

우리나라의 출산율이 세계 꼴찌 수준인 것으로 조사되었습니다. 우리나라 인구는 지금 강대국의 기준인 5000만 명(2017년 3월 현재 5170만)을 넘지만, 이대로 가면 2045년부터는 5000만 명 이하로 떨어질 것으로 보고 있습니다. 출산율이 낮아지는 까닭과 인구의 중요성을 공부합니다. 인구를 늘리려면 어떤 노력이 필요한지도 탐구합니다.

이런 걸 공부해요

이슈 우리나라 인구가 줄어든다
- 출산율 세계 꼴찌 수준… 경제 발전 위협
- 우리나라 출산율 왜 높아지지 않을까

토론 인구는 나라 발전의 원동력
- 인구 줄면 경제 성장 어렵다
- 선진국은 이렇게 인구 늘렸다

우리나라 인구가 줄어든다

출산율 세계 꼴찌 수준… 경제 발전 위협

우리나라의 합계출산율이 세계 꼴찌 수준으로 나왔다. 최근 미국 중앙정보국(CIA)의 자료에 따르면 우리나라는 합계출산율이 2016년 기준 1.25명으로, 세계 224개국 가운데 220위를 기록했다. 합계출산율이란 아기를 낳을 수 있는 나이(15~49세)의 여성 1명이 평생 동안 낳을 수 있는 평균 자녀의 수를 말한다. 우리나라보다 출산율이 낮은 나라는 홍콩(1.19명), 대만(1.12명), 마카오(0.94명), 싱가포르(0.82명) 등 4개국뿐이다.

▲아기를 낳지 않는 가정이 늘며, 초등학생 수가 갈수록 줄고 있다.

우리나라의 인구는 2017년 3월 현재 5171만 명으로, 강대국의 기준인 5000만 명을 넘어섰다. 하지만 출산율이 이대로 유지되면 2030년에 5216만 명까지 늘었다가 감소하기 시작해, 2045년에는 다시 5000만 명 이하로 떨어질 것으로 내다봤다.

저출산 현상이 심해지면서 2017년 입학생을 받은 서울의 한 초등학교에서 학급마다 배정된 학생 수는 18명 수준으로 떨어졌다. 10년 전 한 학급에 40명이 넘었던 것과 비교하면 절반 넘게 감소한 것이다.

한 경제 전문가는 "출산율이 낮은데다 인구 고령화 문제까지 겹쳐 앞으로 경제가 성장하기 어려워질 것"이라며 "하루 빨리 출산율을 높일 대책이 필요하다."고 말했다.

중앙일보 기사 등 참조

이런 뜻이에요
미국 중앙정보국(CIA) 국내외 정보 수집에 관한 여러 가지 일을 하는 미국의 정보 기관.

이슈

우리나라 출산율 왜 높아지지 않을까

우리나라의 출산율이 낮은 까닭은 아기를 낳지 않기 때문이다. 전문가들은 출산율 하락을 그대로 놔두면, 2100년에 우리나라 인구가 지금의 절반으로 줄어들 것으로 보고 있다.

현재의 인구 수준을 유지하려면 임신이 가능한 여성(15~49세)이 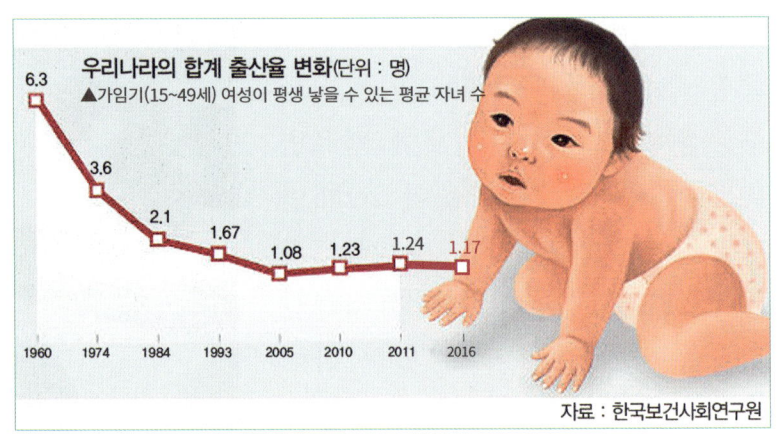 평생 2.1명의 자녀를 낳아야 한다. 그런데 2016년 현재 우리나라에서 조사한 출산율은 미국에서 조사한 출산율보다 더 낮은 1.17명이었다.

출산율을 떨어뜨리는 원인을 보면, 여성의 사회 활동이 늘어나면서 늦게 결혼하거나 아예 결혼하지 않는 여성이 많아진 탓도 있다. 하지만 더 중요한 까닭은 결혼한 부부가 아기를 낳지 않아서 그렇다. 출산을 피하는 이유는 먼저 많은 여성이 결혼한 뒤에 일하고 싶어도 아기를 낳으면 직장에서 불이익을 받아 그만둬야 하기 때문이다.

보육 시설도 문제다. 아기를 낳은 뒤 직장에 다니려면 안심하고 자녀를 맡길 수 있는 곳이 많아야 하는데 그렇지 않고, 비용도 많이 든다. 사교육비가 감당하기 어려워서 출산을 꺼리는 가정도 늘고 있다. 게다가 개인의 삶을 중시하는 젊은이들이 많아져 자녀를 갖지 않는 탓도 있다.

결국 아기를 낳아 기르기 어려운 사회 환경과 경제적 부담 때문에 출산율이 회복되지 않는 것이다.

세계일보 기사 등 참조

토론 인구는 나라 발전의 원동력

인구 줄면 경제 성장 어렵다

과거 가난한 나라에서 인구가 많으면 경제 성장의 걸림돌로 여겼다. 우리나라도 마찬가지였다.

하지만 인구는 이제 경제 성장에 꼭 필요한 것으로 여겨진다. 인구가 많을수록 일할 수 있는 사람이 증가하고, 소비를 늘려 기업 활동을 활발하게 한다. 또 인재가 풍부해져 첨단 산업기술 개발을 기대할 수 있다. 이에 따라 시장이 커지고 나라의 경제도 발전한다.

중국의 경제가 빠르게 성장할 수 있는 이유도 인구가 많기 때문이다. 중국의 인구는 세계에서 가장 많은데, 13억 7000만 명이 넘는다. 인도도 중국 다음으로 많은 인구(12억 6000만 명)를 바탕으로 경제 발전이 빠르게 이뤄지고 있다.

경제 활동을 할 수 있는 인구는 한 나라의 체력과도 같다. 따라서 경제가 성장하고 국가가 발전하려면 경제 활동을 하는

▲인구는 경제 발전에 필요한 자원이다.

생산가능인구(15~64세)가 많아야 한다. 그런데 인구가 감소하면 그만큼 경제 활동 전반에 걸쳐 나쁜 영향을 끼치게 된다. 우선 인구가 줄면 물건을 사는 소비 활동이 약해진다. 물건을 만들어도 잘 팔리지 않으니 기업의 생산도 축소된다. 한마디로 인구가 줄면 물건을 만들어 내놓는 시장도 작아지고 소비도 약해지는 것이다. 이처럼 인구가 적으면 모든 소비와 생산 활동이 위축되기 때문에 경제 발전이 어려워진다.

한겨레 기사 등 참조

토론

선진국은 이렇게 인구 늘렸다

선진국은 우리나라보다 먼저 인구 감소를 경험했고, 나라에서 이를 이겨 내기 위해 다양한 방법을 실천했다. 우리나라도 멀리 내다보고 나라에서 대책을 마련하면 인구 감소를 막을 수 있다.

◇프랑스=임신 사실을 신고하거나 아이를 입양하면 나라에서 돈을 준다. 자녀를 키우기 위해 일하는 시간을 줄인 부모에게는 6개월까지 보조금을 준다. 자녀를 낳은 여성이 직장에서 불이익을 당하지도 않는다. 이 밖에 보육 시설이 잘 갖춰져 있고, 대학 교육에 들어가는 비용도 적다.

◇스웨덴=여성이 직장과 가정의 일을 함께 할 수 있도록 나라에서 지원하는 제도를 잘 갖추고 있다. 아이를 낳거나 키울 때 부부 모두 직장을 쉴 수 있다. 자녀가 태어난 뒤 1년 6개월이 될 때까지는 직장을 완전히 쉴 수 있고, 초등학교 1학년 때까지는 직장에서 일하는 시간을 반으로 줄일 수 있다.

◇미국=선진국들이 인구 감소를 걱정하지만 미국은 꾸준히 인구가 늘고 있다. 이민자들이 계속 늘고 있고, 그들이 아이를 많이 낳기 때문이다. 인구 정책 전문가들은 "인구 감소를 막으려면 출산율을 높이는 것도 중요하지만, 이민을 적극 받아들이는 방법도 필요하다."고 조언한다.

한겨레 기사 등 참조

생각이 쑤욱

1 다음 제시된 낱말의 뜻을 정리하세요.

인구	
인구 문제	
저출산	
고령화	

2 가정에 형제자매가 많으면 좋은 점을 다섯 가지 이상 말해 보세요.

3 과거에 출산을 막기 위해 내놓았던 표어를 지금의 상황에 맞게 고치세요.

> 덮어놓고 낳다 보면 거지꼴을 못 면한다

> 하나씩만 낳아도 삼천리는 초만원

머리에 쏘옥

표어와 포스터로 본 인구 정책 변화

- 1960년대 : 출산을 줄이기 위해 자녀를 세 명까지만 낳자고 권하는 내용이 많았죠.

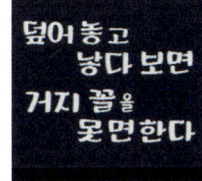

- 1970년대 : 표어에서 권하는 자녀가 세 명에서 두 명으로 줄었어요. 자녀를 둘만 낳아 잘 기르자는 문구가 주를 이뤘어요.

- 1980년대 : 표어에서 권하는 자녀가 두 명에서 한 명으로 줄었어요. 성별에 상관없이 자녀를 하나만 낳자는 내용이었죠.

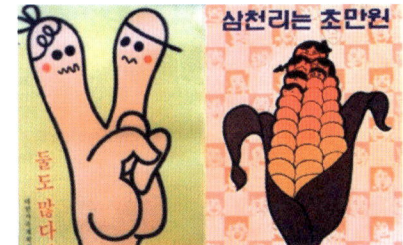

- 1990년대 : 자녀를 하나만 낳다 보니 남자 아이를 원하는 부모들이 많았어요. 이러한 생각을 바꾸도록 설득하는 내용을 담았어요.

- 2000년대 : 출산율이 낮아지고 고령화가 심각해지자 아이를 많이 낳자는 내용으로 변했어요.

생각이 쑤욱

4 표에 제시된 출산율 감소의 원인에 맞게 해결 방법을 찾아보세요.

원인	해결 방법
결혼하지 않는 사람들이 늘어남	
일하는 여성이 늘어남	
아이 키우는 데 비용이 많이 듦	

머리에 쏘옥

인구의 날

7월 11일은 '인구의 날'입니다. 인구의 날은 저출산 때문에 일어나는 여러 가지 문제의 심각성을 깨닫고, 이를 해결하기 위해 2012년에 처음 국가 기념일로 지정했어요.

7월 11일은 원래 유엔이 지정한 '세계 인구의 날'이에요. 세계 인구의 날은 인구가 빨리 늘어나며 생기는 생태계 파괴와 식량난, 자원 부족 등 다양한 문제를 생각해 보자는 뜻에서 시작했답니다.

▲충북 음성군의 한 초등학교 학생들이 인구의 날을 기념하는 행사를 벌이고 있다.

5 다음 제시한 기사는 인구가 증가할 때의 사회 변화입니다. 반대로 인구가 감소할 때는 어떤 일이 일어날지 세 가지만 말하세요.

> 인구가 늘면 사람들이 살 집이 필요하기 때문에 주택을 더 많이 지어야 한다. 인구가 증가한 만큼 쓰레기와 생활 하수가 늘어날 것이므로 환경 오염 문제도 해결해야 한다. 사람들이 증가한 만큼 환자 수도 늘어나기 때문에 의료 시설도 늘려야 한다.
>
> 서울신문 기사 참조

생각이 쑤욱

6 2045년의 지하철 안을 나타낸 그림이에요. 인구 고령화에 따른 문제점을 아는 대로 들어보세요.

머리에 쏘옥

고령화

전체 인구에서 생산가능인구(15~64세)의 비율이 얼마냐에 따라 그 나라의 성장 가능성이 달라집니다. 그리고 전체 인구 가운데 65세 이상이 많을수록 고령화 사회→고령 사회→초고령 사회로 분류해요.

우리나라는 전체 인구 가운데 65세 이상이 약 14퍼센트로, 고령 사회에 속해요. 그런데 문제는 우리나라의 고령화 속도가 점점 빨라지고 있다는 점입니다.

▲우리나라의 노인 인구가 점점 늘어나고 있다.

7 임신한 직장 여성의 어려움을 나타낸 아래 글을 참고해 직장에서 이들에게 각각 어떤 도움을 줄 수 있을지 말해 보세요.

일반 사무직 김현민(30)

임신 5개월째다. 3개월에 접어들며 입덧이 심해졌다. 음식 냄새만 맡아도 구토가 나왔다. 후각이 예민해져 직원들과 함께 회식 자리에 가서 음식 냄새를 맡기 어렵다. 유별나다고 여길까 봐 힘든 내색을 하지 못하고 있다.

백화점 판매직 서인영(32)

임신 7개월째다. 출산휴가 3개월을 쓰면 돌아와서가 걱정이다. 더구나 육아 휴직은 사표나 마찬가지다. 1년간 쉬면 후배를 승진시켜 업무를 맡긴다. 직장에 돌아오면 후배 밑에서 일해야 한다. 다니지 말라는 소리다.

> 행복한
> 논술

우리나라의 출산율이 세계에서 꼴찌 수준이라고 합니다. 이대로 가면 우리 인구는 2045년부터 5000만 명 이하로 떨어지고 고령화 현상이 심해질 것으로 보고 있습니다. 인구 5000만 명은 경제적으로 강대국의 기준이 됩니다. 인구가 경제 성장에 반드시 필요한 자원이기 때문입니다. 저출산을 경험했던 선진국들의 극복 사례를 본받아, 우리나라의 출산율을 높일 대책을 하루빨리 만들어야 합니다.

우리나라 부부들이 아이를 낳지 않으려는 까닭과 인구가 경제 성장에 어떤 영향을 미치는지 설명하세요. 그리고 우리나라의 출산율을 높이기 위한 대책도 제시하세요 (500~600자).

07 남북한 통일되면 거지 될까

▲남북한의 평화 통일을 기원하는 행사를 하는 학생들. 영문자로 평화를 뜻하는 '피스'(PEACE)를 만든 뒤 태극기와 만국기를 흔들고 있다.

초중고등학생의 36퍼센트(100 가운데 36)는 남북한 통일의 필요성을 느끼지 못하는 것으로 나타났습니다. 통일을 긍정적으로 생각하는 학생이 늘어나고는 있지만 아직도 통일이 되면 사회가 혼란해지고 비용이 많이 든다는 생각 때문에 부정적으로 생각하는 학생도 많지요. 남북한이 통일이 되면 강대국이 되는 까닭을 알아보고, 통일 교육을 어떻게 했으면 좋은지도 탐구합니다.

이런 걸 공부해요

이슈 희미해지는 통일 의식
- 학생들 "통일되면 사회 혼란하고 가난해져" 반대
- 통일하면 왜 경제 발전에 유리한가

토론 통일되면 부자 된다
- 통일 필요성 강조하고, 통일 교육 시간도 늘려야
- 통일된 독일은 얼마나 잘사나

이슈: 희미해지는 통일 의식

학생들 "통일되면 사회 혼란하고 가난해져" 반대

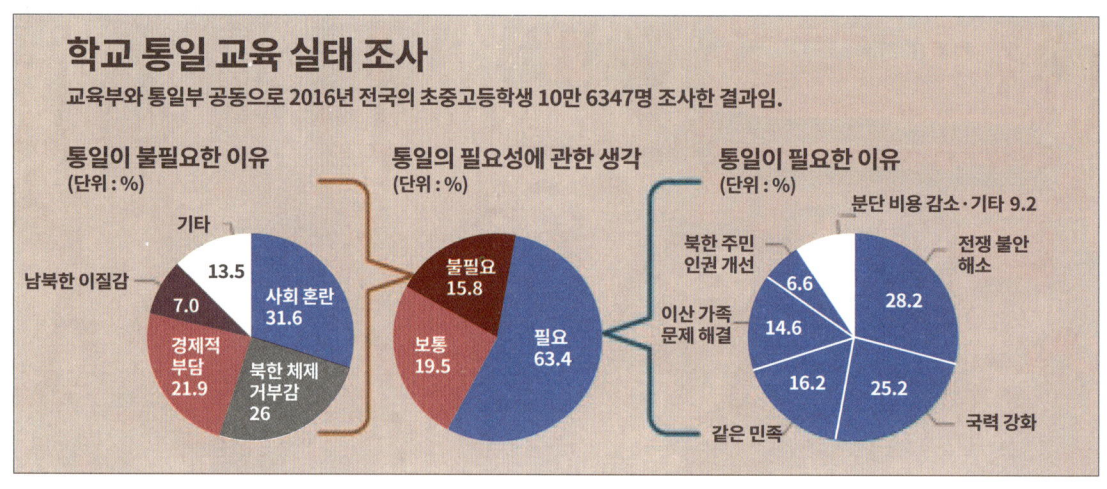

"갸들이 자꾸 거지라고 놀리니 그러지요. 하지만 너무 걱정 마시라요. 내가 어째 싸우겠음메?"

원일이는 부모님을 따라 북한에서 탈출해 남한에 온 새터민이다. 더 나은 생활을 할 수 있다는 희망을 품고 왔지만, 친구들이 자꾸 거지라고 놀려 속상한 적이 한두 번이 아니다. 학생들은 '북한' 하면 항상 독재와 전쟁, 가난 등 부정적인 단어를 떠올리는데, 이런 생각은 통일에 방해가 된다. 정부가 실제로 최근 '학교 통일 교육 실태'를 조사한 결과에 따르면, 초중고등학생들은 63.4퍼센트만 통일이 필요하다고 대답했다. 통일이 되면 남북한 국민들의 갈등으로 사회가 혼란해지고, 통일에 드는 비용 때문에 경제가 어려워진다는 이유 때문이다.

우리나라는 1945년 8월 15일 일본에게 잃었던 나라를 되찾았지만, 미국과 러시아 등 강대국의 이익에 따라 남과 북으로 분단되었다. 그 뒤 1950년 6월 25일 북한이 남한에 쳐들어와 같은 민족끼리 전쟁을 벌였고, 지금은 휴전 상태다. 남북으로 분단된 지 70여 년이 지나며, 사이가 벌어져 통일에 대한 생각마저 희미해진 것이다.

한 교사는 "북한은 거지인데, 통일되면 어떻게 먹여 살릴 거냐며 통일을 반대하는 학생들이 많다"며, "통일 교육이 6월 한 달 형식적으로 이뤄져 통일의 필요성을 느끼지 못한다."고 지적했다.

세계일보 기사 등 참조

이슈

통일하면 왜 경제 발전에 유리한가

남북한이 분단되어 있으면, 상대를 경계하고 전쟁에 대비하느라 군사비가 해마다 5조 원이 더 든다.

통일에 드는 비용은 일정 기간만 들이면 된다. 하지만 분단 비용은 통일 전까지 계속 내야 한다. 통일이 되면 그 돈을 다른 분야의 발전을 위해 쓸 수 있는데 말이다.

전쟁의 위험 때문에 외국과 거래할 때도 손해를 본다. 외국에서는 한반도에서 전쟁이 날까 봐 두려워 투자를 꺼리고, 돈을 빌려줄 때도 더 비싼 이자를 받는다.

남북한이 합쳐지면 국토가 넓어지는 장점도 있다. 북한에는 남한 매장량의 21배에 이르는 지하자원도 있다. 또 북한을 관통하는 대륙 철도를 건설할 경우 중국과 러시아, 유럽까지 사람과 물자를 싼값에 빠르게 이동시킬 수 있다. 러시아의 송유관과 가스관 이용이 쉬워져 에너지도 싸게 수입할 수 있다.

▲남한은 유라시아 철도 건설을 추진 중이다. 이 철도는 한반도 종단 철도(북한 나진~남한 부산)를 건설해 유럽 철도와 시베리아 횡단 철도를 연결하는 것이다.

▲분단의 상징인 휴전선 비무장지대(DMZ)의 모습. 남한은 이 지역에 '세계평화공원'을 만들 계획이다.

남북한 인구를 합치면 8000만 명에 이른다. 인구가 늘면 더 많은 물건이 거래되고, 일자리가 느는 등 경제가 활성화된다. 게다가 북한의 지하자원과 값싼 노동력, 남한의 기술력이 합쳐지면 값이 싸고 질 좋은 상품을 만들 수 있어 국제 경쟁력이 강화된다.

관광 수입도 늘어난다. 금강산과 비무장지대(DMZ), 백두산 등을 활용해 다양한 관광 상품 개발이 가능하다.

한겨레 기사 등 참조

이런 뜻이에요
비무장지대(DMZ) 무력 충돌을 막기 위해 전쟁 상대국들의 약속에 따라 무장이 금지된 지역.

토론 통일되면 부자 된다

통일 필요성 강조하고, 통일 교육 시간도 늘려야

한 정부 기관은 남북한이 통일되면 2050년에 중국과 미국 등에 이어 세계 7위의 경제 대국이 될 것이라고 밝혔다. 통일을 이루려면 학생들의 생각부터 긍정적으로 바꾸게 해야 한다. 따라서 학생들에게 통일의 중요성을 느끼도록 교육을 강화할 필요가 있다. 분단으로 생기는 손해가 통일 비용보다 더 크며, 통일이 되면 나라가 더 발전할 수 있음을 가르치는 것이다.

학교에서 통일 교육 시간도 늘리고, 정규 과목에 넣어 지속적으로 실시해야 한다. 수업 내용도 학생들의 수준과 흥미에 맞춰 학년별로 다른 내용으로 구성해야 교육 효과를 높일 수 있다. 예를 들면 초등학생의 경우 의식주와 놀이, 학교 생활 등 또래 학생들의 생활과 관련된 내용을 다뤄 북한을 남한과 같은 문화를 가진 동포로 받아들이도록 하는 것이다. 통일 이후에 새로 생길 직업 체험이나 새터민의 경험담 듣기 등 학생 눈높이에 맞는 다양한 교육 방법도 개발해야 한다.

▲'통일 리더십 캠프'에 참가한 새터민과 남한 출신 초등학생들. 통일된 한국을 글과 그림으로 표현한 뒤 발표하고 있다.

▲KBS 1TV의 북한 전문 프로그램인 '남북의 창'은 매주 토요일 오전 7시 50분부터 40분 동안 북한의 현재 모습과 남북 관계 문제를 다룬다.

신문과 방송 등 언론에서도 통일의 필요성을 설명하고, 통일을 준비하는 모습을 자주 내보내면 도움이 된다. 통일 뒤의 모습을 구체적이고 흥미롭게 그린 만화나 드라마도 많이 나오면 효과적일 것이다.

문화일보 기사 등 참조

토론

통일된 독일은 얼마나 잘사나

독일은 1945년 남북한처럼 강대국의 뜻에 따라 서독과 동독으로 분단되었다가 1990년 통일되었다.

서독 국민은 통일이 되면 가난한 동독 국민 때문에 살기 어려워진다며 불만이 컸다. 하지만 통일 이후 동서독 국민 모두 더 잘살고 있다. 2006년부터 2008년까지는 경제 규모가 세계 1위에 오르기도 했다.

▲통일 관련 벽화가 다양하게 그려진 독일의 베를린장벽. 서독과 동독을 가로막았던 베를린장벽은 지금 인기 있는 관광지로 변했다.

서독은 통일 후 세금 등을 통해 동독에 해마다 평균 800억 유로(약 119조 원)를 지원했다. 동독은 서독의 도움을 받아 서독 국민과 비슷한 생활 수준을 유지할 수 있었다. 서독 국민도 동독 지역을 개발하는 과정에서 많은 물건을 팔았고, 공무원만 1만 명이 더 늘어나는 등 일자리도 많아졌다. 또 통일 후 인구가 8000만 명을 넘어서면서 세계 시장에서 중요한 위치를 인정받게 되었다. 통일된 독일의 모습을 보기 위해 관광객도 몰려들어 관광 수입이 두 배로 늘었다.

▲2015년 통일 25주년을 기념해 독일 국기 모양으로 빛나게 만든 독일의 국회의사당 건물.

독일의 한 조사 결과에 따르면 서독인들은 통일 비용 부담 때문에 소득이 감소할 것이라고 걱정했지만, 실제로는 해마다 꾸준히 상승했다. 2011년 소득이 통일 직후인 1991년보다 50퍼센트 정도 늘었다. 또 서독인의 70퍼센트는 "통일 후유증을 별로 느끼지 못하며 더 행복해졌다."고 생각했다.

독일은 이처럼 통일 뒤 나라가 더 발전했고, 개인 소득도 늘었으며, 삶의 만족도도 50퍼센트 이상 높아졌다.

한국일보 기사 등 참조

생각이 쑤욱

1 남북한이 통일하면 지금보다 경제적으로 더 발전할 수 있는 까닭을 세 가지만 대세요.

2 원일이와 같은 새터민을 잘 이해하고 대우하면 통일에 어떤 도움이 될지 설명하세요.

▲2016년 7월, 28명의 새터민 청년들로 이뤄진 합창단 '위드 유'가 독일의 베를린에서 통일을 주제로 합창 공연을 가졌다.

3 학생들이 남북한의 통일이 필요하지 않다고 생각하는 이유를 대고, 통일에 관한 자기 의견도 밝혀요.

학생들은 _____

때문에 통일을 원하지 않았습니다.

저는 통일이 (필요하다, 필요하지 않다)고 생각합니다.

왜냐하면 _____

_____

_____

머리에 쏘옥

북한 어린이들의 생활

북한의 어린이들은 개인의 뜻에 따라 자유롭게 생활하지 못하고, 단체로 하는 일이 많아요. 학교에 갈 때도 노래를 부르며 행진하고, 반별로 등교한답니다.

과목당 수업은 45분씩이며, 쉬는 시간은 10분이에요. 쉬는 시간에는 화장실에 가거나 제기차기와 비사치기 등을 하며 놀기도 해요. 3교시를 마치면 모두 운동장에 나가 20분 동안 체조를 합니다.

북한은 급식이 없기 때문에 집에 가서 점심을 먹고, 다시 학교에 갑니다.

오후에는 음악과 체육 등 소조(같은 목적으로 만든 작은 집단) 활동을 해요.

4~5시쯤 학교 생활이 끝나면, 축구나 숨바꼭질, 고무줄, 줄넘기 등을 하며 놀아요.

북한 어린이들도 텔레비전을 즐겨 봐요. 어린이 프로그램 시간이 따로 있어요. 매일 10~20분 정도 만화 영화나 인형극, 학교 탐방 등이 방송되지요.

▲2017년에 새로 내놓은 북한의 만화 영화 '고주몽'(10부작)의 한 장면. 고주몽은 고구려를 세운 동명성왕(재위 서기 37~서기전 19)이다.

생각이 쑤욱

4 남한은 비무장지대(DMZ)에 '세계평화공원'을 만들기 위해 노력하고 있어요. 이 지역에 공원이 생기면 어떤 점이 좋을까요?

5 북한의 시장인 장마당에서 거래되면 통일에 도움이 될 것 같은 남한의 물건을 하나 고르고, 그 이유도 설명하세요.

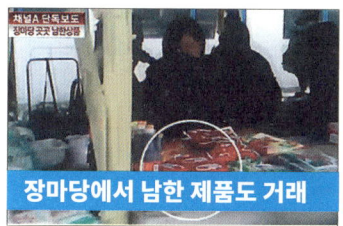

▲북한의 장마당에서는 남한의 초코파이와 라면, 커피 외에도 남한의 영화나 드라마가 담긴 남한 CD가 인기다.

머리에 쏘옥

북한의 시장

북한은 남한과 돈을 버는 방법이 달라요. 남한은 개인이 자유롭게 직업을 가질 수 있고, 일한 만큼 돈을 벌지요. 이에 비해 북한 사람들은 나라에서 정해 준 곳에서 일해야 해요. 월급은 일한 만큼 가져가는 것이 아니라 나라에서 정한 대로 받지요.

북한은 나라에서 생활에 필요한 물건을 모두 대줄 수 없기 때문에, 장마당에서 거래하는 것을 눈감아 준답니다. 장마당은 북한의 시장을 부르는 말이에요. 중국을 통해 들어간 남한의 밥솥과 초코파이 등이 인기랍니다. 남한의 드라마도 방송 후 일주일만 지나면 장마당에서 살 수 있대요.

남한 물건이 장마당에서 많이 거래되는 것도 통일에 도움이 돼요. 북한 사람들이 남한을 자연스럽게 알리고, 친근하게 느끼도록 할 수 있으니까요.

▲북한의 돈. 오천 원이 가장 액수가 크다.

생각이 쑤욱

6 통일이 되면 하고 꼭 하고 싶은 일 한 가지를 말하고, 그 이유도 밝히세요.

☞ 여행하고 싶은 곳, 먹고 싶은 음식 등 북한에서 하고 싶은 것을 말하면 됩니다. 통일이 되면 새로 생기는 직업을 떠올려도 좋아요.

▲북한의 인기 음식인 밥만두. 볶음밥을 만두피로 싼 뒤 튀겼다.

7 남북한의 통일을 위해 자신이 할 수 있는 일을 세 가지만 찾고 실천 계획도 세워요.

할 수 있는 일	실천 계획

머리에 쏘옥

북한의 관광지

영국의 한 회사가 북한 관광지 350여 곳을 소개하는 여행 앱을 개발했습니다.

이 앱은 사진과 설명을 통해 여러 관광지를 소개하며 예약 기능을 통해 북한의 호텔을 할인된 값에 예약할 수 있다고 하네요. 휴대전화는 물론 태블릿PC로도 이용이 가능하답니다.

영어로 되어 있는데, 인기를 끌면 한국어와 중국어로도 서비스한답니다.

백두대간과 비무장지대(DMZ)등이 특히 관심을 받고 있어요. 백두대간은 북한의 백두산부터 우리나라의 지리산까지 연결된 한반도에서 가장 크고 긴 산줄기예요. 사람들은 백두대간의 아름다운 경치에 반했지만, 분단이 되어 자유롭게 오갈 수 없어 안타까워하기도 해요.

비무장지대(DMZ)에 가면 분단의 아픔을 느낄 수 있지요. 사람이 오랫동안 살지 않아 자연 환경이 잘 보존돼 있는 곳이기도 해요. 멸종 위기의 동식물이 많이 살고 있답니다.

▲북한 관광 앱에 소개된 백두산.

행복한 논술

정부가 2016년에 초중고등학생을 대상으로 '학교 통일 교육 실태'를 조사한 결과 63.4퍼센트만 남북한의 통일이 필요하다고 대답했습니다. 통일에 드는 비용 때문에 가난해지고 사회가 혼란해진다는 이유로 통일을 원하지 않은 것입니다. 앞으로 통일을 이끌어 갈 학생들에게 통일 교육을 제대로 하지 않았기 때문입니다. 남북한이 통일이 되면 세계 7위의 강대국이 될 수 있습니다. 전쟁의 위험에서 벗어나고, 분단으로 생기는 비용을 나라 발전에 쓸 수 있기 때문입니다. 또 국토가 넓어지고 인구가 많아져 국력이 강해집니다. 통일을 긍정적으로 생각하게 하려면 학생들에게 통일의 필요성을 느끼도록 가르쳐야 합니다. 그리고 북한을 남한과 같은 문화를 가진 동포로 받아들일 수 있어야 합니다.

남북한이 통일되면 우리 경제가 더 발전하는 까닭을 밝히고, 학생들에게 통일이 꼭 필요하다고 느끼게 할 수 있는 방법을 설명하세요(500~600자).

08 빛 공해 어디까지 아시나요

▲ 아파트 불빛 때문에 새들이 잠을 자지 못하는 모습을 나타낸 '빛 공해'를 주제로 한 사진 작품.

우리나라는 국토의 90퍼센트가 빛 공해에 시달리는데, 주요 20개국(G20) 가운데 이탈리아에 이어 두 번째로 심하다고 합니다. 빛은 사람에게 꼭 필요하지만, 필요하지 않은 곳에 쓰거나 지나치게 많이 사용하면 공해가 됩니다. 빛 공해란 무엇이며, 빛 공해를 줄이려면 어떻게 해야 하는지 탐구합니다.

이런 걸 공부해요

이슈 빛 공해 때문에 건강 망친다

◆ 빛 공해 심각… 키 안 자라고 각종 질병 걸려
◆ 건강 해치고 생태계 파괴하는 빛 공해

토론 인공 빛 사용을 줄이자

◆ 빛도 공해라는 사실 홍보 필요… 조명 바꿔 달아야
◆ 캄캄한 밤 되찾으면 별 보는 즐거움도 찾는다

이슈 | 빛 공해 때문에 건강 망친다

빛 공해 심각… 키 안 자라고 각종 질병 걸려

행복이는 친구들보다 지나치게 키가 작아 병원을 찾아야 했다. 의사 선생님은 여러 가지 검사를 한 뒤 불빛 때문이라고 진단했다. 행복이의 방은 밤중에 가로등 불빛이 들어와 방안의 불을 꺼도 환하다. 또 잠이 들기 전에 부모님 몰래 스마트폰으로 게임도 한다. 그래서 쉽게 잠을 이루지 못한다. 사람에게는 주변의 밝기에 따라 수면을 조절해 주는 호르몬(멜라토닌)이 나오는데, 아주 적은 빛만 있어도 깊은 잠을 이루지 못한다. 또 잠을 자는 동안 성장 호르몬이 나오는데, 불빛 때문에 충분히 자지 못해 키가 크지 않은 것이다.

▲빛 공해의 심각성을 알리는 TV 뉴스.

사람은 인공 조명을 지나치게 사용할 경우 생체 리듬이 파괴돼 각종 질병에 걸리는 등 건강을 잃는다. 매미가 낮과 밤을 구분하지 못해 밤에도 울어대고, 벼가 열매를 제대로 맺지 못하는 등 동식물도 살기 어려워진다.

▲빛 공해가 심각한 서울의 밤 풍경. 서울은 세계의 주요 도시 가운데 최고 밝은 것으로 조사됐다.

우리나라는 국토 면적의 90퍼센트가 빛 공해에 시달리는 것으로 나타났다. 2015년 국제 공동 조사 결과에 따르면 주요 20개국(G20) 가운데 이탈리아에 이어 두 번째로 빛 공해가 심하다. 이에 따라 정부는 빛 공해를 줄이기 위해 여러 가지로 노력하고 있다. 인공 빛은 사람은 물론 동식물에게도 공해를 일으키기 때문이다. 특히 성장기 어린이들에게 더 큰 피해를 주므로 주의해야 한다. 잠이 모자라면 키도 자라지 않지만, 뇌의 발달도 더디게 해 공부에 집중할 수 없다. 전문가들은 아직 빛 공해의 심각성을 모르는 사람이 많다고 지적한다.

경향신문 기사 등 참조

이런 뜻이에요

생체 리듬 사람의 체온과 혈압, 맥박 등이 주기적으로 일어나는 변화.

이슈

건강 해치고 생태계 파괴하는 빛 공해

사람을 포함해 생물은 빛에서 생명 활동에 필요한 에너지를 얻는다. 또 빛이 있어야 사물을 볼 수 있다.

인공 빛의 발명으로 빛이 없는 곳에서나 밤에도 일할 수 있고, 덕분에 문명이 발달할 수 있었다.

그러나 인공 빛이 지나치게 사용되며 공해의 주범으로 등장했다. 가로등이 집안까지 환하게 비추는 바람에 잠을 못 자게 방해한다. 범죄를 예방하기 위해 밝기에만 신경을 쓰고, 주변에 미치는 나쁜 영향을 고려하지 않았기 때문이다.

불빛이 화려한 광고판과 간판도 문제다. 사람들의 눈에 띄어야 하므로, 남들보다 더 크고 번쩍거리게 만드는 데만 집중한다. 도시의 관광 수입을 늘리기 위해 건물이나 다리 등에 조명을 설치하는 사례도 늘었다.

철새는 건물의 인공 빛을 별빛으로 착각해 길을 잃고 있다. 농작물은 밤새도록 환한 불빛 때문에 수확량이 감소한다.

▲사람이 사물을 구분할 수 있는 이유는 빛이 있기 때문이다.

▲인공 빛을 지나치게 사용하면 건강을 해친다.

수면등이나 TV 등 가전제품에서 나오는 불빛도 공해다. 특히 스마트폰 화면은 가장 어둡게 조정해도 80룩스가 넘는다. 한 연구 기관에 따르면 한밤중에는 5룩스의 불빛도 잠자는 데 방해가 된다. 수면이 부족하면 생체 리듬이 파괴돼 암과 각종 질병에 걸리고, 기억력이 떨어지며 감정 조절에 곤란을 겪는 것으로 밝혀졌다.

국민일보 기사 등 참조

이런 뜻이에요

룩스 밝기를 나타내는 단위. 1룩스는 촛불 하나의 밝기다.

인공 빛 사용을 줄이자

빛도 공해라는 사실 홍보 필요… 조명 바꿔 달아야

▲서울 우이천의 새 가로등은 눈부심이 적고, 도로만 밝게 비춘다. 사진 오른쪽은 예전의 가로등인데, 빛이 사방으로 퍼지고 도로는 더 어둡다.

빛 공해를 예방하려면 불필요한 빛의 사용을 줄여야 한다.

잠을 잘 시간인 밤 12시부터 새벽 5시까지는 되도록 빛에 노출되지 않는 것이 좋다. 잠자리에 들기 전에 텔레비전과 스마트폰 등 불필요한 가전 제품의 전원을 모두 끈다. 또 창에 커튼이나 블라인드를 쳐 밖에서 들어오는 빛을 막는다.

가로등이나 건물 등 집 밖의 야간 조명에 피해를 볼 경우 지방자치단체나 건물 주인에게 대책을 요구할 수 있다. 예컨대 전등갓을 달면 조명이 필요한 부분 외에 다른 곳으로 빛이 퍼지는 것을 80~90퍼센트는 막을 수 있다.

실외에 조명을 설치할 때는 공해 가능성을 고려하는 자세가 중요하다. 조명의 범위와 밝기, 켜지는 시간 등이 설치 목적에 맞는지 점검한다. 예를 들어 빛이 필요한 곳 외에 다른 곳으로 새 나가는 것은 아닌지, 지역 주민이나 동식물에 영향을 줄 가능성은 없는지 따져 보는 것이다.

정부나 지방자치단체는 빛도 공해를 일으킬 수 있다는 사실을 다양한 방법으로 알려야 한다. 또 빛 공해 신고 인터넷 사이트를 운영해 주민 피해 상황을 확인하고, 해결 방안도 찾을 수 있도록 한다. 인공 빛을 사용할 때는 이웃과 환경을 배려하도록 학교에서 교육하는 일도 중요하다.

한겨레 기사 등 참조

토론

캄캄한 밤 되찾으면 별 보는 즐거움도 찾는다

▲미국의 국제다크스카이협회에서 정한 미국 현지의 '어두운 밤하늘 공원' 모습.

　서윤이는 여름방학에 가족과 함께 산으로 캠핑을 다녀왔다. 환한 밤에 익숙했던 서윤이는 "밤 8시인데도 도시와 달리 너무 캄캄해 놀랐지만, 하늘에서 별이 많이 보여 아름다웠다."고 말했다. 무엇보다 주변이 어두우니 깊은 잠을 잘 수 있어 좋았다고 밝혔다.

　빛도 공해를 일으킬 수 있다는 생각은 오래되지 않았다.. 1988년 미국에서 천문학자와 의사 등이 모여 어두운 밤을 되찾기 위한 모임(국제다크스카이협회)을 만든 것이 시초다. 이 단체는 빛 공해의 심각성을 알리고 별 보기 체험 활동도 진행하며, 밤하늘을 문화유산처럼 보호해야 한다고 강조했다. 지금은 우리나라를 포함해 수십 개 나라에서 이 단체의 '캄캄한 하늘 되찾기' 운동에 참여하고 있다.

　우리나라는 전남 신안군 증도에서 지난 2009년부터 깜깜한 밤 만들기에 앞장섰다. 증도는 생태계가 잘 보존돼 있고, 자연이 아름다워 해마다 30여만 명의 관광객이 찾는다. 가로등마다 전등갓을 씌워 불빛이 밑으로만 비치게 했다. 달빛이 밝은 보름날에는 가로등과 가정의 전등 끄기 운동을 벌였다. 주민들은 처음에 생활이 불편하고 관광객이 감소한다며 야간 조명 줄이기에 반대하기도 했다. 하지만 오히려 별을 보러 오는 관강객이 갈수록 늘어나고 있다.

세계일보 기사 등 참조

생각이 쑤욱

1 빛을 이용해 사람이 이로움을 얻는 예를 세 가지만 찾아봐요.

☞ 어둠을 밝혀 공부할 수 있다.

▲신호등은 빛을 이용해 신호를 전달하게 되어 있다.

2 주변에는 빛 공해의 피해가 없는지 질문에 답하며 확인해요.

① 어떤 종류의 조명이 생활에 불편을 주나요?
☐ 가로등(②번으로)
☐ 광고 조명(③번으로)
☐ 건물 등을 장식하기 위한 조명(③번으로)
② 가로등일 경우 빛이 퍼지는 모양이 어떤가요?
☐   ☐   ☐   ☐
③ 광고 조명이나 장식 조명일 경우 어떤 특징이 있나요?
☐ 깜박거림 ☐ 색상이 변함 ☐ 동영상이 계속됨 ☐ 기타
④ 어떠한 피해를 당하고 있나요?
☐ 빛이 집 안으로 새어 들어와 잠자는 데 방해됨
☐ 주변의 농작물, 가축, 야생 동식물 등에 직접 빛이 비침
☐ 기타(   )

3 빛이 환경 오염처럼 공해가 되는 까닭을 인간과 환경에 끼치는 좋지 않은 영향을 넣어 밝혀요.

머리에 쏘옥

조명박물관

경기도 양주의 조명박물관에 가면 빛과 조명에 관해 자세히 알 수 있답니다.

조명역사관에는 촛대와 호롱불 등 다양한 조명 기구들이 전시되어 있어요. 빛과학관에서는 직진과 반사 등 빛의 특징을 공부할 수 있지요. 조명아트관에서는 빛을 이용해 만든 작품을 전시합니다. 감성조명체험관에서는 빛의 밝기와 색 등을 조정하며 같은 음식도 빛에 따라 맛이 달라 보임을 체험할 수 있어요.

박물관에서는 빛 공해 체험 프로그램을 진행하기도 합니다. 체험 프로그램에서는 빛 공해 스토리 투어와 반딧불이 조명 만들기 등 행사도 합니다.

▲조명역사관 전시물들. 촛대와 호롱불 등 옛날 조명 기구들이 보인다.

▲조명아트관에 전시된 조명 관련 기구들.

생각이 쑤욱

4 아래 글을 읽고 행복시를 '빛의 도시'로 만드는 계획을 놓고, 찬반 입장을 정해 의견을 밝혀요.

> 행복시는 최근 '빛의 도시'로 만들어 관광 수입을 늘리겠다고 밝혔습니다. 도시 곳곳에 다양한 조명을 설치해 아름답게 꾸미고, 빛 축제를 열면 도시를 찾는 관광객이 늘 것이라고 했습니다. 하지만 일부 시민은 지나친 야간 조명은 빛 공해라며 반대하고 나섰습니다.

행복시를 '빛의 도시'로 만드는 계획에 (찬성, 반대)합니다.

왜냐하면 _____

_____

_____

_____

_____

5 빛 공해를 줄이기 위해 내가 실천할 수 있는 방법을 세 가지만 제시하세요.

머리에 쏘옥

이웃과 동식물을 배려하는 좋은 빛 만들기

서울의 한 고등학교 3학년에 다니는 이환희 양은 중학교 1학년 때부터 무당벌레 살리기에 앞장섰습니다. 아파트 옥상 조명등 밑에 수북이 쌓인 무당벌레들의 사체를 발견했기 때문이었죠. 조명에서는 곤충을 유인하는 빛이 나옵니다. 그래서 무당벌레들이 멋모르고 날아들었다가 타 죽은 것입니다.

환희 양은 아파트 주민들을 만나 조명을 끄자고 호소했습니다. 하지만 조명을 끄면 집값이 떨어진다거나 무당벌레의 죽음이 조명등 때문이 아니라며 반대했죠.

결국 한 교수의 도움으로 해결 방법을 알아냈어요. 조명등에 자외선을 차단하는 페인트칠을 하자 더 이상 무당벌레가 죽지 않은 것입니다.

최근에는 곤충을 유인하지 않는 조명 기구가 많이 개발됐습니다. 조명은 생활을 편리하게 합니다. 이웃과 환경을 배려하고, 필요한 곳에 사용한다면 공해를 일으키지 않지요.

▲환희(왼쪽) 양이 아파트 주민을 찾아가 조명을 끄자고 설득하고 있다.

생각이 쑤욱

6 빛 공해를 줄이는 데 효과적이라고 생각하는 방법을 찾아 한 가지만 제안하세요.

머리에 쏘옥

생체 리듬을 찾아라

미국의 한 대학에서 인공 빛 때문에 망가진 생체시계를 정상으로 되돌릴 수 있는 비결을 공개했어요.

인공적인 불빛이 전혀 없는 산으로 캠핑을 떠나 태양빛과 모닥불에만 의지해 1주일 동안 지내는 거예요.

실험에 참가한 사람들은 밤이 되면 예외 없이 일찍 잠이 들었고, 해가 뜨는 시간에 자동적으로 일어났어요.

이 실험은 불필요한 조명을 끄고 스마트폰 사용 시간을 줄이는 방법만으로도 생체 리듬을 되찾을 수 있다는 사실을 알려 줍니다.

7 '캄캄한 밤하늘 되찾기' 운동을 알리기 위해 필요한 포스터를 만들어요.

① 어떤 내용을 넣을까?

② 어떻게 표현할까? (사진, 그림, 만화 등)

③ 알림 문구는 어떻게 지을까?

우리나라는 빛 공해가 세계 최고로 심한 나라여서 대책이 필요합니다. 인공 빛 때문에 밤에도 환하면 사람은 물론 동식물도 여러 가지로 피해를 받기 때문입니다. 우리나라의 가로등은 빛이 필요하지 않은 곳까지 비추고, 건물이나 간판 등의 불빛도 지나치게 밝습니다. 빛 공해를 줄이려면 밤에는 커튼을 치고, 가전제품을 모두 꺼 캄캄한 환경을 만드는 것이 좋습니다. 그리고 집 밖의 야간 조명에 피해를 볼 경우 지방자치단체나 건물주에게 대책을 요구하면 됩니다. 인공 빛을 사용할 때는 이웃과 환경을 배려하는 자세도 필요합니다. 정부나 지방자치단체는 빛 공해의 심각성을 알리고, 피해 대책도 마련해야 합니다. 학교에서는 빛이 공해를 일으킬 수 있다는 사실을 교육해야 합니다.

인공 빛이 사람과 동식물에게 일으킬 수 있는 피해를 설명하고, 빛 공해를 줄일 수 있는 방법을 말해 보세요(500~600자).

09 한복은 위험한 옷인가

▲서울 종로구 창덕궁에서 한복 패션쇼가 열리는 모습.

　서울의 한 특급 호텔 식당에서 과거 손님이 한복을 입었다는 이유로 출입을 막은 일이 있었습니다. 우리가 우리 옷을 어떻게 생각하는지 보여 주는 사건이었습니다. 우리 옷은 민족의 역사가 배어 있는 소중한 자산이며, 보호해야 할 문화입니다. 우리 옷의 역사와 계승·발전의 중요성을 공부합니다.

이런 걸 공부해요

이슈　우리 옷은 어떻게 발전했을까
- 국내 고급 호텔서 한복 입었다고 손님 출입 금지
- 삼국 시대부터 자연 친화적 옷 입어

토론　한복을 지키고 발전시키자
- 한복은 건강과 자연을 배려한 과학적인 옷
- 한복을 되살리려면…

이슈 우리 옷은 어떻게 발전했을까

국내 고급 호텔서 한복 입었다고 손님 출입 금지

2011년에 서울의 한 특급 호텔에서 한복을 입은 손님을 들어오지 못하게 한 사건이 벌어져 물의를 빚은 적이 있다. 이 호텔은 "한복이 부피가 있어 위험한 옷."이기 때문에 출입을 거절했다고 한다. 이 사건은 결국 '자기 나라의 옷을 부끄럽게 생각하는 나라'라는 제목으로 외국 언론의 해외 토픽에까지 올랐다.

시민 단체와 전문가들은 "우리 옷에 대한 자부심이 없었던 결과."라고 밝혔다. 우리 옷의 역사는 삼국 시대로 거슬러 올라간다. 고구려 고분 벽화에서는 한복과 비슷한 옷을 볼 수 있는데, 우리 옷의 시초라고 보면 된다.

우리 옷에는 사계절이 뚜렷한 자연 조건과 추운 날씨에 말을 주로 타고 다니던 유목민 특유의 문화가 반영돼 있다. 그래서 추운 날씨에 몸을 보호하기 위한 속옷부터 겉옷인 두루마기까지 몸을 싸는 형태다. 또 저고리와 바지가 떨어져 있고, 앞이 트인 것이 특징이다.

우리가 '한복'이라고 부르는 옷은 고대부터 전해 내려온 옷을 바탕으로 조선 시대에 완성돼 '조선옷'이라고도 불린다. 한복이라는 명칭은 1800년대 후반에 양복이 들어오며 이와 구분하기 위해 나온 말이어서 역사는 길지 않다.

▲고구려 고분 벽화에 그려진 옷(위)과 벽화 속 옷을 재현한 것(아래).

경향신문 기사 참조

이슈

삼국 시대부터 자연 친화적 옷 입어

우리나라는 삼국 시대에 남녀 모두 머리를 천으로 감싸거나 모자를 썼다. 예절을 지켜야 할 때는 삼베나 비단으로 만든 저고리와 바지를 입은 뒤 그 위에 두루마기와 치마를 걸쳤다. 치마는 길이가 길었으며, 끝단까지 주름이 잡혔다. 저고리는 남녀 모두 엉덩이까지 내려왔고, 두루마기는 무릎 아래로 내려올 만큼 길어 허리띠를 매 편하게 했다.

▲고구려 고분 벽화에는 남녀 모두 두루마기와 치마를 입고 춤을 추는 모습이 그려져 있다.

고려 시대에는 귀족이나 지배층의 경우 중국 옷을 그대로 받아들여 입었다. 서민은 삼국 시대부터 내려오는 전통 옷을 이어받았다. 고려 중엽에는 원나라의 간섭을 받으며 원나라 사람들처럼 옷을 입었다. 고려 말에 문익점(1329~98)이 중국에서 목화씨를 들여온 이후부터는 솜을 자아 만든 무명이 전국으로 퍼졌다. 무명은 천이 부드럽고 손질하기도 쉬워 사계절 내내 많이 이용했다.

▲조선 시대 부녀자들의 옷차림.

조선 시대에는 남자의 경우 바지와 저고리·두루마기를, 여자는 치마와 저고리가 기본 복장이었다. 신분 구별이 엄격해 입은 옷의 색과 무늬 등으로 그 사람의 신분이나 직업을 알 수 있었다.

조선 말에 다른 나라의 문물을 받아들이기 시작하며 의복 문화에도 큰 변화가 일어났다. 왕과 관리들은 양복을 입기 시작했다. 부녀자의 바깥 출입이 자유로워지며 치마는 점점 짧아지고, 쓰개치마나 장옷 등을 멀리하게 되었다.

경향신문 기사 등 참조

이런 뜻이에요
쓰개치마 부녀자가 나들이할 때 머리와 몸 윗부분을 가려 쓰던 치마.

한복을 지키고 발전시키자

한복은 건강과 자연을 배려한 과학적인 옷

양복은 모양이 완성돼 있어 옷에 몸을 맞춰야 하지만, 한복은 옷을 몸에 맞추는 사람 중심의 옷이라고 전문가들은 말한다.

한복은 입는 사람이 자신의 개성에 따라 연출할 수 있다. 입는 사람이 여위었으면 여윈 대로, 몸집이 크면 큰 대로 풍성하게 감싸 신체의 결점을 가려 주면서도 우아한 모양을 만들어 낼 수 있는 것이다.

서양 옷은 몸에 딱 맞게 만들어져 겉으로는 세련되고 멋스러워 보여도 몸에는 심각한 스트레스를 줄 수 있다. 이에 비해 한복은 건강을 배려한 과학적인 옷이다.

한복은 깃 사이를 넓게 해 가슴이 시원하게 하고, 허리를 묶어 배가 따뜻하도록 돕는다. 가슴은 넉넉하게 풀고, 배는 감싸야 건강하다는 한의학의 원리에 잘 맞는다. 한복은 또 옷과 몸 사이에 충분한 공기층을 만들어 추울 땐 따뜻하고, 더울 땐 선선해 건강에 좋다.

한복은 자연과 가깝다. 봄과 가을은 무명, 여름은 삼베와 모시, 겨울엔 명주 등 계절에 따라 자연 소재로 천을 만들어 옷을 짓는다. 게다가 천연 염료로 색을 입히면 은은하게 나타나는 빛깔이 아름다울 뿐 아니라 아토피나 피부병을 예방하는 효과를 거둘 수도 있다.

세계일보 기사 등 참조

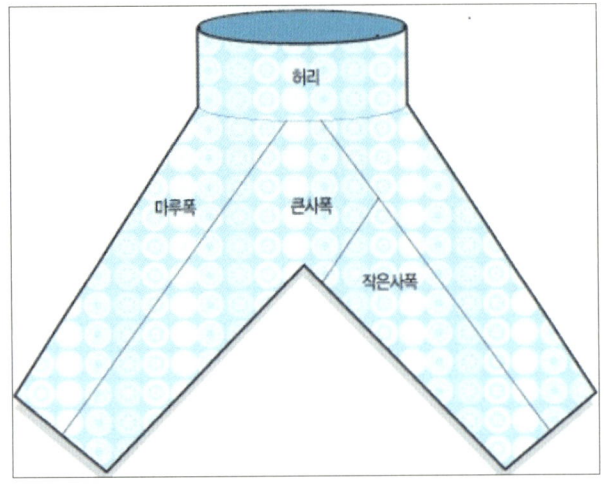
▲남자 한복 바지의 옷본. 네모난 조각을 이어붙여 넉넉하게 옷을 만든 것이 특징이다.

▲비단실의 원료인 누에고치를 천연 염색한 모습.

토론

한복을 되살리려면…

경기도 수원의 태장고등학교는 교복이 생활 한복이다. 이 학교의 한 교사는 "생활 한복은 편하고 정서에도 좋다."며 생활 한복을 교복으로 입는 학교들이 예절이나 인성 교육 면에서도 큰 효과를 봤다고 만족감을 표시했다.

한복은 과거 산업화와 현대화에 밀려 결혼식이나 특별한 행사 때만 입는 예복으로 간주되었다.

그런데 최근 한복이 변하고 있다. 이브닝 드레스(연극·음악회·무도회·만찬회 등에서 저녁부터 밤까지 입는 남녀의 정식 예복)나 교복 등 단체복, 생활에서 입을 수 있는 개량 한복으로 거듭나고 있는 것이다. 학교 또는 기업에서도 한복을 입는 '한복의 날'을 정하거나 한복을 입고 오면 물건 값을 깎아 주는 등 한복을 가까이 하려는 노력이 이어지고 있다.

우리 옷은 양복이 들어오며 이와 구분해 한복이라는 이름으로 불리기 시작했다. 그러나 이제는 청바지나 티셔츠 등을 굳이 양복으로 구별하는 것이 오히려 낯설게 느껴질 정도다. 그만큼 우리 옷을 한복이라고 부르는 것 자체가 전통 옷과 실생활이 거리가 있음을 뜻하는 것이다.

우리 옷에는 조상의 삶의 흔적과 역사가 담겨 있다. 따라서 우리 옷은 우리가 지키고 가꿔야 할 소중한 문화인 것이다.

한국일보 기사 등 참조

▲태장고등학교의 교복인 한복 동복(위)과 하복.

생각이 쑤욱

1 우리 옷의 특징을 시기별로 정리하세요.

시대	특징
선사 시대	
삼국 시대	
고려 시대	
조선 시대	
일제강점기	

2 시대에 따라 옷이 변천하는 이유를 세 가지만 들어보세요.

3 다음은 왼쪽부터 몽골, 케냐, 사우디아라비아의 전통 옷입니다. 나라별로 옷에서 알 수 있는 기후와 옷의 특징을 설명하세요.

머리에 쏘옥

문익점

문익점은 고려 말 학자이자 문신으로, 중국에서 최초로 목화를 들여왔습니다.

원나라에 사신으로 갔던 문익점은 귀국할 때 하인을 시켜 밭을 지키던 노파가 말리는 것을 무릅쓰고 목화 몇 송이를 땄다고 합니다. 그 씨앗을 사람들에게 나눠 주고 함께 시험 재배를 했습니다.

첫 해에는 목화를 키우는 방법을 몰라 한 그루만 살렸지만, 3년의 노력 끝에 성공해 목화를 전국에 보급했습니다. 그 뒤 연구를 거듭해 목화씨를 빼는 씨아와 실을 뽑는 물레를 만드는 법을 배워 옷을 짓는 데 성공해 백성의 생활에 큰 도움을 주었답니다.

▲문익점 기념 우표.

4 목화 재배에 성공한 문익점에게 상을 주려고 해요. 상의 이름을 정하고, 상을 주는 이유를 넣어 상장을 만들어 보세요.

_____상

문익점

위 사람은 _____

_____

_____으로 상장을 주고 칭찬합니다.

○○○○년 ○○월 ○○일

머리에 쏘옥

고려와 원나라

원나라는 1231년 고려를 공격했어요. 30년 동안 원나라와 싸웠던 고려는 결국 1259년 굴복했습니다. 고려가 전쟁에서 지자 원나라는 강제로 자기 나라의 풍습을 따르도록 했어요.

옷이며 장식물, 머리 모양, 음식에 이르기까지 원나라의 문화가 고려에 널리 퍼졌어요. 또 고려의 문화도 원나라로 넘어가 영향을 끼쳤는데, 이를 고려풍이라고 했어요. 고려는 1368년 원나라가 망할 때까지 100년 넘게 간섭을 받았어요.

▲원나라 황제 쿠빌라이 칸(재위 1260~94).

5 시대의 변화에 따라 옷도 함께 변합니다. 미래의 사회를 예측해 우리 의생활이 어떻게 변할지 말해 보세요.

생각이 쑤욱

6 사람들이 우리 옷을 잘 입지 않는 이유는 무엇일까요? 그리고 그 문제를 해결할 수 있는 방법을 제시하세요.

우리 옷을 입지 않는 이유

해결 방법

머리에 쏘옥

우리 옷 입고 유럽 여행

한복을 세계에 알리기 위해 한복을 입고 유럽을 여행한 '한복 소녀' 박새롬(1988~) 씨에 대한 네티즌의 관심이 뜨거웠습니다.

박 씨는 2010년 7월부터 9월까지 영국과 프랑스, 이탈리아 등 10개국을 여행했습니다. 그는 한복을 입고 여행하며 외국인들과 100여 장 이상의 사진을 찍었고, 한국의 명소 사진을 일일이 나눠 주는 등 한국 알리기에 앞장섰습니다.

네티즌은 그의 여행기를 접한 뒤 "진짜 대단하네요. 이런 게 홍보대사!", "우리나라에서도 한복을 입고 다니고 싶어요." 등 여러 반응을 보였답니다.

▲우리 옷을 입고 유럽을 여행한 박새롬(오른쪽) 씨.

7 생활 한복이나 한복 드레스 등을 긍정적으로 보는 사람과 부정적으로 보는 사람이 있습니다. 어느 쪽 의견에 찬성하며, 그 이유는 무엇인가요?

▲한복 드레스

> 시대가 변했으니 한복도 변하는 게 옳아요. 현대적 감각을 갖춘 다양한 한복이 나오면 사람들도 다시 한복을 입을 거라고 봐요.

> 시대가 변했어도 전통은 지켜야 해요. 조상이 물려준 것이니 소중히 간직하고 지켜 나가는 것이 우리 옷을 사랑하는 길이에요.

행복한 논술

우리 국민은 우리 전통 옷을 입기에 불편하다고 외면하는 일이 있습니다. 과거 서울의 한 고급 호텔에서는 손님이 한복을 입었다는 이유로 들어오지 못하게 해서 사회적으로 문제가 된 일도 있습니다. 5000년 동안 우리 민족과 함께한 한복에는 조상의 삶과 역사가 고스란히 배어 있습니다. 따라서 우리 옷은 반드시 스스로 지키고 가꿔야 하는 소중한 전통 문화입니다.

우리 옷의 의미와 중요성을 바탕으로 우리 학교에 '한복 입는 날'을 정하자고 설득해 보세요(500~600자).

10 부자 되는 말, 쪽박 차는 말

▲ 친구의 말을 귀 기울여 듣고, 친구의 입장에서 말하면 다툴 일이 없다.

 사회에서 일어나는 많은 다툼들이 상대를 무시하거나 배려하지 않는 말에서 시작됩니다. 배려심이 없는 말은 상대에게 상처를 입히고, 자신에게도 피해를 줍니다. 결국 갈등을 일으켜 공동체의 관계도 망가뜨립니다. 배려하는 말하기가 필요한 까닭을 알아 보고, 배려하는 말을 생활화하는 방법을 공부합니다.

이런 걸 공부해요

이슈 막말하면 공동체 생활 어렵다
- ◆ 배려심 없는 말은 갈등 키우고 공동체 망가뜨려
- ◆ 말 한마디에 천 냥 빚도 갚는다

토론 공감하는 태도부터 길러야
- ◆ 상대의 말 주의 깊게 듣고, 말하기 연습도 해야

이슈: 막말하면 공동체 생활 어렵다

배려심 없는 말은 갈등 키우고 공동체 망가뜨려

2015년 12월 국내 한 항공사의 부사장이 사소한 기내 서비스를 문제 삼아 부하 직원인 승무원에게 폭언을 했다. 게다가 이륙하기 위해 활주로로 향하던 항공기를 되돌리는 바람에 도착 시간이 늦어져 승객들도 피해를 봤다. 법원은 "인간에 대한 최소한의 배려심이 있었다면 결코 일어날 수 없는 사건."이라며, 부사장을 1년 동안 감옥에 가두는 판결을 내렸다.

사회에서 일어나는 문제의 대다수가 이처럼 상대를 배려하지 않는 말과 행동에서 비롯된다. 이렇게 되면 다른 사람과의 관계에서 갈등이 일어나고, 결국 자신도 피해를 당하게 된다.

전문가들은 "국민들의 배려심이 약해져 사회 통합에 어려움이 많다"며 "특히 상대를 배려하지 않는 막말은 다툼이나 범죄로까지 이어진다."고 지적했다.

▲배려심이 없는 말과 행동은 상대의 마음에 상처를 입히고, 자신에게도 피해를 준다.

▲밥상머리 교육을 강조하는 뉴스 화면. 옛날에는 식사 시간에 인성 교육이 이뤄졌다.

우리나라는 최근 조사에서 경제협력개발기구(OECD) 35개 회원국 가운데 사회 통합에 중요한 배려심과 관용의 수준이 꼴찌에 가까웠다. 경쟁이 갈수록 심해지며, 남을 이겨야 살아남을 수 있다고 생각하는 사람이 많기 때문이다. 게다가 학교나 가정에서도 학과 공부 외에 인성 교육은 뒷전이어서 자기밖에 모르는 사람이 늘어난 것도 큰 이유다.

한겨레 기사 등 참조

이런 뜻이에요
경제협력개발기구(OECD) 경제 발전과 무역 확대를 위해 1948년 설립된 국제 기구. 우리나라는 1996년에 가입했다.

이슈

말 한마디에 천 냥 빚도 갚는다

"누렁 소와 검은 소 가운데 어떤 소가 일을 더 잘합니까?"

조선 시대 황희(1363~1452) 정승이 젊은 시절에 길을 가다가 농부에게 큰 소리로 물었다. 농부는 하던 일을 멈추고 황희에게 다가와 누렁 소가 일을 더 잘한다고 귀엣말을 했다. 황희가 왜 귀엣말을 하느냐고 묻자, 농부는 아무리 짐승이지만 비교하는 말을 들으면 기분이 나쁘지 않겠느냐고 대답했다. 황희는 농부의 말과 행동에서 상대를 배려하는 마음을 배웠다. 그리고 평생 동안 교훈으로 삼아 정승까지 올랐고, 후대에도 존경을 받는 인물이 되었다.

▲황희는 짐승에게도 말을 가려서 하는 농부의 배려심을 배워 나중에 훌륭한 인물이 되었다.

배려란 남을 돕거나 보살피려고 마음을 쓰는 것이다. 사람은 혼자서는 살 수 없고, 가정이나 학교, 사회 등 공동체 생활을 해야 한다. 따라서 구성원들과 어떻게 관계를 맺느냐가 중요하다. 이때 배려심이 강할수록 다른 사람들과의 관계가 더 원활해진다.

'말 한마디에 천 냥 빚도 갚는다'는 속담이 있듯, 상대를 배려하는 말은 자신을 위한 일이기도 하다. 타인의 입장은 고려하지 않고, 자신이 하고 싶은 말만 하면 다투기 쉽다. 배려하는 말을 하면 상대에게서 긍정적인 말로 되돌려 받는다. 친구가 될 기회도 많아지고, 자신이 원하는 결과를 얻기도 쉽다.

국민일보 기사 등 참조

▲긍정적인 말을 하면 상대에게 좋은 영향을 주고, 말을 하는 자신도 기분이 좋아진다.

토론
공감하는 태도부터 길러야

상대의 말 주의 깊게 듣고, 말하기 연습도 해야

서울 용마초등학교 학생들은 친구를 부를 때도 이름에 '님'자를 붙이고, 존댓말을 쓴다. 이처럼 바른 언어 습관은 친구 관계를 맺는 데 도움을 주고, 학교 폭력을 예방하는 효과도 있었다.

배려심이 있는 말을 하려면 다른 사람의 말을 주의 깊게 듣는 태도부터 길러야 한다. 그래야 상대의 말에 담긴 감정을 읽어 공감할 수 있기 때문이다. 상대의 마음을 알면 슬픈 사람에게는 위로의 말을 하고, 기가 죽은 사람에게는 칭찬하는 등 적절하게 대응할 수 있다.

▲서울 용마초등학교 학생들은 친구들끼리 존댓말을 쓰면서 배려심을 키운다.

공동체 생활을 하는 가족이나 친구, 이웃에게 관심을 가지는 일도 중요하다. 관심이 있어야 누구에게 배려의 말이 필요한지 알 수 있다.

다양한 상황을 가정해 배려하며 말하는 연습도 해야 한다. 자신의 기분이 상했어도 화를 내지 말고 부드러운 말투로 대하는 것이 좋다. 또 자신의 입장을 전할 때는 상대의 행동 때문에 어떤 감정을 느꼈는지 구체적으로 설명하고, 원하는 바를 말한다. 말하기에 앞서 자신의 말을 상대가 어떻게 받아들일지 예상한 뒤 한 번 더 다듬을 필요도 있다.

얼굴 표정이나 손짓에도 신경을 쓴다. 예컨대 엘리베이터를 타기 위해 허겁지겁 뛰어오는 사람이 있다면 열림 버튼을 누른 채 "천천히 오세요."라고 웃으며 말하는 것이다.

▲대화할 때는 상대와 눈을 맞추고, 말의 내용에 맞는 표정을 짓는다.

문화일보기사 등 참조

토론

공동체 의식

나와 공동체가 서로 도움을 주고받으며 사는 관계라고 생각하는 것. 공동체는 가족이나 학교, 사회 등 공동의 목적을 바탕으로 이뤄진 집단을 말한다. 집단을 이루는 사람들이 공동체 의식이 강할수록 공동체의 발전을 생각하고 행동한다. 자신의 이익만 내세우지 않고 더불어 사는 삶을 중요하게 여기며, 서로 돕고 협동하는 모습을 보인다.

▲줄다리기를 통해 공동체 의식을 기를 수 있다.

밥상머리 교육

가족과 식사를 하면서 이뤄지는 교육. 대가족이 모여 살던 때에는 가족끼리 밥상에 둘러앉아 식사하는 시간을 중요하게 여겼다. 어른이 먼저 수저 들기를 기다리고, 맛있는 음식은 서로 권하며 배려심을 기를 수 있었기 때문이다. 가족이 함께 식사하는 시간이 줄면서 밥상머리 교육도 사라졌지만, 인성 교육의 방법으로 밥상머리 교육이 최근 강조되고 있다.

▲식사 시간에 가족과 대화하면서 다른 사람들과 기분 좋게 대화하는 방법도 익힐 수 있다.

공감

다른 사람의 기쁨이나 슬픔을 마치 자신의 감정처럼 느끼는 것. 상대의 입장에서 생각하면, 그 사람에게 필요한 것을 알 수 있다. 예컨대 자신이 그네를 오래 타면 기다리는 사람이 지루해지고, 빨리 타고 싶을 것이라고 생각하면, 뒷사람에게 양보할 수 있다. 공감 능력은 다른 사람과 친밀한 관계를 맺어 배려심을 불러일으킬 수 있게 하는 힘이다.

▲공감은 상대의 말을 귀 기울여 들을 때 이뤄진다.

생각이 쑤욱

1 상대를 배려하는 말하기가 왜 필요한가요?

2 배려를 잘 설명할 수 있는 낱말을 세 개만 고른 뒤, 각 낱말에 왜 그런지도 설명하세요.

☞예) 배려는 친절이다. 문 잡아 주기처럼 다른 사람에게 다정하게 대하는 태도이기 때문이다.

▲문 잡아 주기는 뒷사람을 위한 배려다.

머리에 쏘옥

말도 폭력이 될 수 있어요

'가는 말이 고와야 오는 말이 곱다'는 속담이 있습니다.

따뜻한 말로 다른 사람을 감싸 주면, 그 사람에게서 부드러운 말이 돌아오겠지요.

하지만 다른 사람의 마음을 상하게 하면, 가시돋친 말을 돌려받게 된답니다.

학생들이 사용하는 말이 점점 거칠어지고 있답니다. 욕설을 입에 달고 사는 학생들도 있어요.

욕설을 하는 이유는 장난삼아 친구를 따라하거나 상대보다 강하게 보이려고 또는 스트레스를 풀기 위해서 등 다양합니다.

욕은 할수록 느는 경향이 강하다고 합니다. 말로 타인에게 상처를 입히는 것도 폭력입니다. 욕설을 한 사람에게는 상대에게 입힌 마음의 상처가 보이지 않지만, 상처를 입은 사람은 무척 고통스럽답니다.

▲학생들이 '언어 폭력을 줄이자'는 주제로 캠페인을 벌이고 있다.

3 욕설을 자주 하거나 남을 비난하는 말을 함부로 하는 사람을 신문에서 세 명만 정한 뒤, <보기>에서 각자에게 적절하다고 생각되는 속담을 한 가지씩 이용해 말하기의 바른 태도를 알려 주세요.

<보기>
말 한마디에 천 냥 빚도 갚는다.
세 치 혀 밑에 도끼가 들어 있다.
가는 말이 고와야 오는 말이 곱다.
낮 말은 새가 듣고, 밤 말은 쥐가 듣는다.
말이 씨가 된다.

생각이 쏘옥

4 나는 긍정적인 말과 부정적인 말 가운데 어떤 말을 자주 하는지 점검하세요. 그리고 긍정적인 말을 하기 위한 계획을 세워 실천하세요.

친구나 가족에게 자주 하는 말	
긍정적인 말	부정적인 말

긍정적인 말을 하기 위한 계획	

5 '나를 바꾸게 한 한마디의 말'을 주제로 한 컷 만화를 그려요.

머리에 쏘옥

말의 힘

한 심리학과 교수의 실험 결과, 긍정적인 말을 하면 상대에게 긍정적인 영향을 끼친답니다. 그리고 그 말을 하는 사람의 생각도 긍정적으로 바뀐다고 합니다.

과거 한 방송사에서 말의 힘에 관한 실험을 했습니다.

방금 지은 흰 밥을 크기와 모양이 똑같은 유리병 두 개에 나누어 담았어요. 그런 뒤 한 쪽 병에는 '고맙습니다'라고 써서 붙이고, '고마워, 사랑해'처럼 긍정적인 말을 자주 들려줬습니다. 다른 병에는 '짜증 나!'라고 써서 붙이고, '미워 죽겠어, 이 바보야'처럼 부정적인 말을 수시로 했지요. 햇빛과 온도 등 다른 조건은 같았습니다.

한 달 뒤 좋은 말만 들려준 병의 밥에는 하얀 곰팡이만 조금 피고, 냄새도 별로 나지 않았습니다. 그런데 미운 말을 계속 들려준 밥에는 검은 곰팡이가 가득하고, 썩은 냄새도 많이 났습니다.

많은 시청자들이 고구마나 양파, 바나나 등으로 같은 실험을 했더니 결과가 비슷했다고 합니다.

▲나쁜 말을 들은 밥(오른쪽)은 새까맣게 변했다.

생각이 쑤욱

6 자신이 생활하는 공동체 안에 사람들을 만났을 때, 그 사람이 놓인 입장을 생각해 힘을 줄 수 있는 나만의 인사말을 목록으로 만들고 실천하세요.

구분	상대	힘을 주는 나만의 인사말
가정		
학교		
사회		

7 우리 학교에서 '배려하는 말을 생활하자'는 캠페인을 벌이려고 합니다. 캠페인 활동 계획을 세우고, 1분 동안 발표하세요.

☞언제, 어디서, 누구를 대상으로, 어떤 활동을 하며, 왜 하는지를 밝혀요.

▲학생들이 친구의 등에 붙은 종이에 칭찬하는 말을 쓰고 있다.

정보 클릭

인사말부터 시작해요

길에서 아는 사람과 마주치면 어떻게 하나요?

자신이 인사를 하지 않았을 때 상대가 느낄 기분을 생각한다면, 반갑게 먼저 인사를 하겠지요.

아파트에서 경비나 청소 일을 하는 분들에게도 먼저 다가가 '안녕하세요?'나 '수고하십니다.'라고 인사말을 건네는 버릇부터 들이세요. 처음에는 쑥스럽겠지만, 자꾸 하면 내 기분도 좋아지고 상대도 따뜻한 말로 돌려준답니다.

서울 성북구의 환경미화원들은 '궂은일 해 줘 고맙다'는 등의 말을 들었을 때 힘을 얻었다고 하네요.

식당에서 음식을 준비한 사람에게도 '맛있게 먹었다'고 말해 주세요. 버스나 택시를 타고 내릴 때도 '안전하게 데려다 주셔서 감사하다'는 인사말 잊지 마세요.

배려하는 말은 이처럼 진심을 담아 '고마워', '미안해', '사랑해'라고 건네는 것이랍니다.

▲학생들이 선생님께 배꼽 인사를 하고 있다.

행복한 논술

'말 한마디에 천 냥 빚도 갚는다'는 속담이 있습니다. 배려하는 말은 이처럼 자신에게 도움이 되고 상대에게도 힘을 주지만, 그렇지 않은 말은 상처를 주기 쉽지요. 결국 다른 사람들과의 관계를 망가뜨리기도 합니다. 배려심은 공동체 구성원의 관계 맺음과 공동체 유지의 바탕이 됩니다. 따라서 어릴 적부터 가정과 학교에서 배려하는 말을 습관화시키는 교육이 필요합니다. 배려하는 말을 잘하려면 남의 말을 귀 기울여 듣고 상대의 입장에서 생각하는 공감 교육부터 실천해야 합니다. 그래야 상대에게 위로나 칭찬 등 상황에 맞는 말을 할 수 있으니까요. 배려하며 말하는 연습과 상황에 맞는 얼굴 표정 짓기 등의 훈련도 필요합니다.

배려하는 말하기가 중요한 까닭과 배려하는 말하기를 생활화할 수 있는 방법을 설명하세요(500~600자).

11 전염병이 창궐하는 까닭

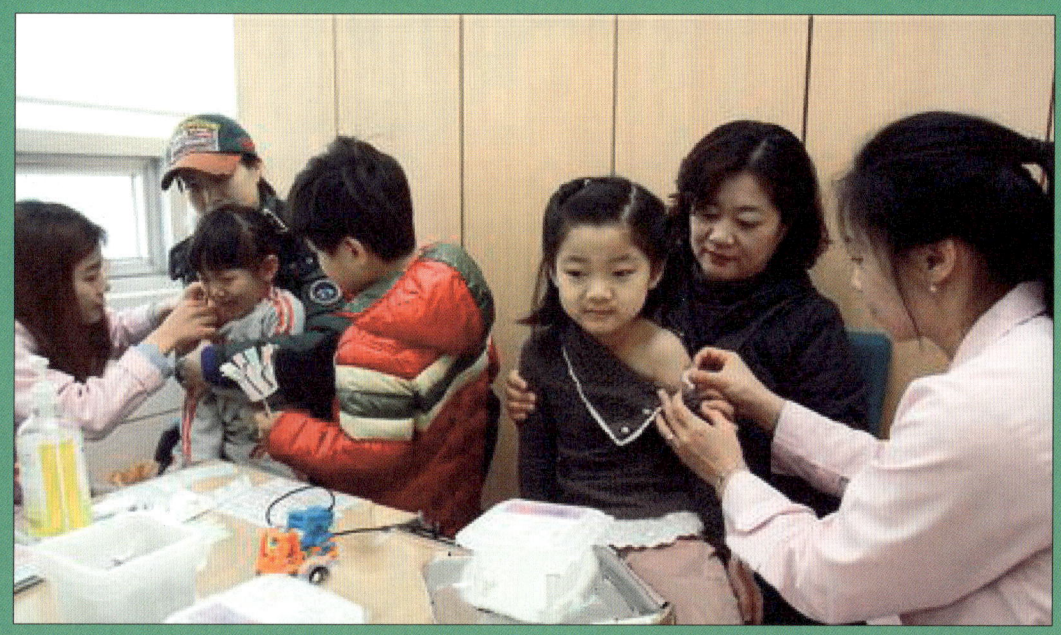

▲부모님을 따라 보건소를 찾은 어린이들이 전염병 예방 주사를 맞고 있다.

2015년 메르스(중동호흡기증후군)가 우리나라에서 크게 유행해 38명이 죽는 등 우리 국민 전체가 공포에 떨어야 했습니다. 하지만 전염병은 잘 알고 조심하면 걸리지 않습니다. 그러니 무턱대고 무서워하지 않아도 됩니다. 전염병은 어떤 병이고, 전염병에 걸리지 않으려면 어떻게 해야 하는지 공부합니다.

이런 걸 공부해요

이슈 전염병이 정말 무서운가요
- 브라질서 황열 유행… 세계가 두려움에 떨어
- 전염병 알면 무섭지 않아요

토론 전염병 어떻게 하면 안 걸릴까
- 손 씻기만 잘해도 대부분 예방할 수 있어
- 전염병과 싸우는 사람들

이슈: 전염병이 정말 무서운가요

브라질서 황열 유행… 세계가 두려움에 떨어

현서는 브라질에서 2016년 말부터 황열병이 유행해 3개월 만에 150여 명이 숨졌다는 TV 뉴스를 듣고 걱정이 앞섰다. 세계보건기구(WHO)에서 황열병이 곧 주변 국가로 퍼질 우려가 크다고 발표했기 때문이다.

황열병은 모기가 옮기는 바이러스에 감염되어 생기는 전염병이다. 전염 초기에는 열이 나고 추운 느낌이 들며, 구토와 두통, 근육통 등 증세가 나타난다. 심해지면 황달이 나타나 피부가 누렇게 변하고, 온몸에서 피를 흘리다 20~50퍼센트는 사망한다. 예방약은 있지만, 치료약이 없어 문제다. 따라서 모기에 물리지 말고, 아프리카나 남미 지역을 여행할 때는 반드시 예방 백신을 맞아야 한다.

세계보건기구(WHO)는 최근 황열과 메르스(중동호흡기증후군), 에볼라 등 예전에 유행하지 않던 전염병이 자꾸 퍼지는데, 세계가 힘을 모아야 위기를 넘길 수 있다고 강조했다.

▲서아프리카에서 에볼라 바이러스에 걸린 환자를 옮기고 있다.

▲인천국제공항에서 한 직원이 아프리카에 다녀온 사람들의 체온을 재고 있다.

전염병은 환경이 지저분하면 잘 걸린다. 환경이 오염되고, 이상 고온 등 기후 변화가 심해지면서 전염병의 종류도 늘어난 것이다. 또 비행기 등 교통 수단이 발달하면서 과거보다 전염병이 퍼지는 속도도 빨라졌다.

전문가들은 "전염병에 걸리면 목숨을 잃을 수도 있지만, 잘 알고 대처하면 막을 수 있다. 무턱대고 무서워하는 학생이 많은데, 이는 잘못된 생각."이라고 말했다.

국민일보 기사 등 참조

이런 뜻이에요

세계보건기구(WHO) 세계의 모든 사람들이 건강하게 살 수 있도록 전염병을 예방하거나 환경을 깨끗이 하는 일을 하는 유엔의 한 기관.
황달 간에서 만들어지는 황색의 담즙 색소가 쌓여 온몸이 누렇게 변하는 증상.
메르스(중동호흡기증후군) 바이러스에 감염되어 생기는 전염병. 낙타와 접촉하면 전염될 가능성이 크고, 사람 사이에도 전파된다. 고열과 기침, 호흡 곤란 등의 증상을 보인다. 예방약과 치료약이 없다.

이슈

전염병 알면 무섭지 않아요

전염병은 나쁜 세균이나 바이러스가 사람 몸에 들어가 일으키는 병인데, 다른 사람에게도 옮긴다.

전염병은 그 병에 걸린 사람과 피부가 맞닿거나 대화할 때 기침과 재채기를 통해 옮는다. 모기나 파리 등 곤충, 들쥐 등 야생 동물과 접촉했을 때 걸리기도 한다. 상한 음식 또는 오염된 물을 섭취하거나, 사람과 가축의 배설물로도 옮길 수 있다.

▲전염병 환자가 생기면 옛날에는 집 밖에 금줄을 걸어 사람들이 오가는 것을 막았다.

전염병은 종류가 아주 많다. 계절에 따라 생기거나 지역에 따라 유행하는 병도 있다. 어린이가 잘 걸리는 병도 있다. 우리나라는 과거 천연두와 결핵, 홍역 때문에 많은 사람이 목숨을 잃었다. 옛날에는 원인을 모르고 치료약도 없어 전염병에 걸리면 거의 죽어야 했다. 그래서 환자가 생기면 옮지 못하게 멀리했다. 하지만 오늘날에는 의학이 발달해 예방법과 치료법이 계속 개발되고, 미리 조심하면 걸리지 않으므로 두려워하지 않아도 된다.

서울신문 기사 등 참조

구분	전염병 종류		특징과 예방법
계절별 유행 전염병	봄	유행성결막염	바이러스 감염. 눈이 가렵고 빨개져요. 손을 자주 씻어요.
	여름	일본뇌염	모기. 몸살처럼 아파요. 모기에 물리지 않게 조심해요.
	가을	쯔쯔가무시병	풀숲에 사는 진드기. 감기 몸살과 비슷해요. 산에 갈 때 긴팔 옷을 입어요.
	겨울	독감	바이러스 감염. 고열이 나는 등 감기보다 심해요. 예방 주사를 맞아요.
어린이가 잘 걸리는 전염병		뇌수막염	바이러스나 세균 감염. 뇌를 둘러싼 막에 염증이 생겨 고열이 나요. 약을 먹어요.
		수두	바이러스 감염. 몸이 가렵고 물집이 생겨요. 한 번 걸리면 다시 걸리지 않아요.
		수족구	바이러스 감염. 주로 입안과 손발에 물집이 생겨요. 7~10일 지나면 저절로 나아요.
		식중독	세균 감염. 구토와 설사를 해요. 물을 끓여서 마시고, 상한 음식을 먹지 말아요.

이런 뜻이에요
세균 눈으로 볼 수 없을 만큼 작은 생물체. 나쁜 세균은 병을 일으키거나 음식을 썩게 한다.

토론 전염병 어떻게 하면 안 걸릴까

손 씻기만 잘해도 대부분 예방할 수 있어

혜인이는 외출했다 집에 돌아오면 손을 깨끗이 씻는 습관이 있다. 지난해 독감에 걸려 고생했기 때문이다. 10월이면 가족들과 함께 독감 예방 주사도 꼭 맞는다. 혜인이가 겨울을 건강하게 보내는 방법이다.

사람의 한쪽 손에는 6만 마리 정도의 세균이 산다. 손을 안 씻으면 세균은 1시간이 지났을 때 64마리에서 3시간이 지나면 약 26만 마리까지 늘어난다. 하지만 비누를 사용해 흐르는 물에 30초 동안 손을 씻으면 세균의 99퍼센트가 죽는다. 그러니 평소 손 씻기만 잘해도 대부분의 전염병을 막을 수 있다.

전염병은 예방 주사를 맞아도 미리 막을 수 있다. 예방 주사를 맞으면 전염병에 걸리더라도 가볍게 앓고 지나간다. 그러니 꼭 챙겨 맞는 것이 좋다.

해외로 여행할 때는 여행할 나라에 어떤 전염병이 도는지 확인한 뒤 주사를 맞고 가면 안전하다. 여행에서 돌아왔는데 몸에 이상이 있을 경우 곧바로 보건소에 신고해야 한다. 전염병에 걸렸는지 검사해 다른 사람에게 옮기는 것을 막아야 하기 때문이다.

세계일보 기사 등 참조

▲초등학교 어린이들이 올바른 손 씻기 교육을 받고 있다.

▲어린이 홍보대사들이 예방 주사의 중요함을 알리고 있다.

토론

전염병과 싸우는 사람들

옛날에는 전염병을 신이 벌을 내리거나 귀신이 장난한다고 믿어 제사를 지내고 귀신을 쫓는 의식을 했다. 그러나 전자현미경이 발명된 뒤부터 전염병을 대하는 사람들의 생각이 달라졌다. 전자현미경으로 병에 걸린 사람의 피를 보면, 건강한 사람과 달리 실 모양의 작은 것이 보였다. 프랑스의 화학자이자 세균학자인 파스퇴르(1822~95)는 이 작은 생물이 병의 원인이라는 사실을 밝히고, 치료법도 찾아냈다.

오늘날에는 전염병을 막기 위해 과학적인 방법을 사용하며, 국제적으로 힘을 모은다. 새로운 전염병이 발생하면 세계보건기구(WHO)는 조사관을 보내 전염병이 왜 생겼으며 얼마나 퍼졌는지 조사하고, 소독과 격리 조치 등의 방역을 한다. 또 병을 진단할 수 있는 기준과 검사법을 만들어 모든 나라의 병원과 과학자에게 알린다.

과학자들은 치료약과 예방약을 신속하게 찾기 위해 연구에 힘쓴다. 새로 나타난 전염병에 맞는 약이 개발되기 전까지는 영양분과 수분을 공급하는 등 일반적인 바이러스 치료법을 쓴다. 병에 걸렸다가 나은 사람은 그 병에 대한 면역력이 생겼으므로, 완치된 사람의 피를 전염병 환자에게 넣기도 한다. 실험 중인 치료약이 있을 때는 환자의 동의를 얻어 치료에 사용한다.

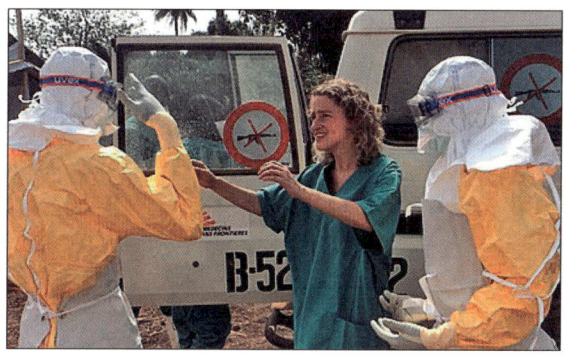

▲전염병을 조사할 때는 감염을 막기 위해 특수하게 만든 방호복을 입는다.

▲미국인 두 명이 에볼라 바이러스에 전염되었다가 실험 단계의 신약으로 완전히 치료되었다고 TV 뉴스에서 전하고 있다.

한국일보 기사 등 참조

이런 뜻이에요

방역 전염병이 발생하거나 유행하는 것을 미리 막는 일. 감염 지역의 소독과 감염자 격리, 공항에서 하는 감염 여부 검사, 예방 접종 등 다양한 방법이 사용된다.

생각이 쑤욱

1. 브라질에서 유행하는 황열병이나 서아프리카에서 유행하는 에볼라 때문에 세계 여러 나라 사람들이 두려워하는 까닭은 무엇인가요?

2. 오늘날 전염병이 늘어나는 까닭을 세 가지만 말해 보세요.

3. 전염병은 어떤 때 옮기는지 아는 대로 말해요.

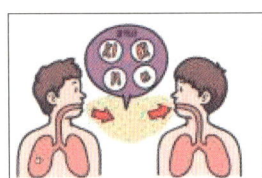

☞ 전염병에 걸린 사람이 대화하면서 기침할 때 옮길 수 있다.

머리에 쏘옥

에볼라

에볼라 바이러스에 감염돼 걸리는 전염병인데, 에볼라출혈열이라고도 해요. 1976년 아프리카 콩고 에볼라 강에서 처음 발견된 데서 이름이 붙여졌어요. 주로 아프리카 지역에서 발생하지요.

에볼라 바이러스는 과일박쥐 몸에서 산대요. 그런데 아프리카 사람들이 과일박쥐를 음식으로 먹어 감염되었다네요.

지금 치료제 개발에 힘쓰고 있지만, 그동안 치료 방법을 몰랐으며 예방약도 없었어요. 감염되면 10명 가운데 6명 정도가 죽는답니다.

에볼라 바이러스에 감염되면 처음에는 머리가 깨질듯 아프고, 구토와 설사를 해요. 그러다 체온이 갑자기 오르고 가슴이 심하게 아프답니다. 곧 몸의 여러 기관에서 피가 나고, 상태가 심하면 죽습니다.

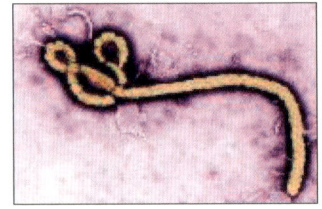

▲에볼라 바이러스

생각이 쑤욱

4 과거에 전염병에 걸려 고생했던 경험을 한 가지만 소개하고, 병에 걸리게 만든 부주의했던 점을 반성해요.

☞ 내 경험이 없으면 친구나 가족의 예를 들어도 좋아요.

경험 소개	☞5월에 가족과 함께 공원으로 나들이를 다녀와 다음날 일어나 보니 눈이 빨갛게 부었다. 엄마와 함께 소아과에 갔는데, 의사 선생님이 유행성결막염에 걸렸다고 하셨다. 친구들에게 옮길까 봐 학교에 가지 않았다.
부주의했던 점 반성하기	☞공원에서 놀다 손으로 눈을 비볐다. 바깥에서 활동할 때는 손을 깨끗이 씻어야 하는데, 더러운 손으로 눈을 비볐기 때문에 유행성결막염에 걸린 것 같다. 항상 손을 깨끗이 씻는 습관을 들여야겠다.

머리에 쏘옥

우리나라의 대표 전염병

-**천연두** : 조선 시대에는 천연두를 '마마'라고 불렀어요. 마마는 왕족에게 붙이는 높임말인데, 천연두를 그만큼 두려워했다고 해요.

천연두 바이러스에 감염되면 몸이 약한 사람은 죽었고, 낫더라도 얼굴에 흉터가 남았어요. 지석영(1855~1935) 선생이 우리나라에서는 처음 천연두 치료법을 알아내 많은 사람들을 구했고, 더 이상 병에 걸리지 않게 되었지요.

-**결핵** : 환자의 기침에 섞여 나온 세균이 공기 가운데 퍼져 옮아요. 우리나라가 가난했던 시절에는 제대로 먹지 못해 많이 걸렸어요. 지금도 체력이 약하면 걸리기도 해요. 기침이 오래가고, 숨을 쉬기 어려운 증상이 나타나요.

-**홍역** : 환자의 기침과 재채기에 섞인 바이러스에 감염되거나, 피부가 맞닿으며 걸리는 경우가 많아요. 전염성이 아주 강해요. 홍역에 걸리면 열이 나고, 기침과 콧물이 심하며 얼굴과 가슴에 빨간 점이 생겨요. 한 번 앓으면 다시 안 걸린답니다.

5 올바른 손 씻기 습관을 들이면 전염병을 예방할 수 있는 까닭은 무엇인가요?

생각이 쑥쑥

6 전염병에 걸리지 않으려면 어떻게 해야 하는지 기사에 나온 방법 외에 세 가지만 대세요.

7 전염병을 예방하자는 주제로 포스터를 꾸며요.

☞ 포스터를 꾸미는 방법 : 주제에 맞는 문구를 짧고 간단하게 만들어요. 그런 뒤 문구와 어울리는 그림을 그려요.

주제에 맞는 문구 넣기

문구와 어울리는 그림 그리기

머리에 쏙쏙

전염병을 막는 방법

전염병에 걸리지 않으려면 손 씻기 습관을 들이고, 예방 주사를 맞는 것 외에 평소 물을 끓여 마시고, 상한 음식은 먹지 않도록 주의해야 해요. 전염병이 유행할 때는 사람이 많이 모이는 곳에는 되도록 가지 않는 것이 좋아요. 미세 먼지가 심한 날에는 바깥 활동을 하지 않는 것도 좋지요.

전염병은 지나치게 깨끗한 생활을 해도 걸릴 수 있어요. 몸속에서 병균을 견디는 힘인 면역력이 약해지기 때문이에요. 따라서 평소 규칙적으로 생활하고, 틈틈이 운동을 해 체력을 기르는 일이 중요하답니다.

해외 여행 때 조심할 점

중국을 여행할 때는 오염된 물과 음식물을 섭취해 걸리는 콜레라와 이질에 주의해야 해요. 말레이시아 등 동남아시아는 모기에 의해 걸리는 말라리아와 뎅기열이 유행합니다. 필리핀과 베트남, 미국, 유럽에서는 홍역에 걸릴 수도 있대요. 중남미와 아프리카는 모기 때문에 걸리는 황열이 위험하다고 합니다.

행복한 논술

브라질에서 2016년 말부터 황열병 유행해 3개월 만에 150여 명이 숨지며 세계가 두려움에 떨고 있습니다. 다른 사람에게도 옮기는 병을 전염병이라고 하는데, 나쁜 세균이나 바이러스가 사람의 몸에 들어가 일으킵니다. 전염병은 그 병에 걸린 사람과 피부가 맞닿거나 기침과 재채기를 통해서도 옮습니다. 전염병은 계절에 따라 유행하는 종류도 있고, 지역에 따라 유행하는 것도 있습니다. 어린이가 잘 걸리는 병도 있지요. 하지만 잘 알고 조심하면 예방할 수 있으므로 무턱대고 두려워하지 않아도 됩니다. 대부분의 전염병은 손을 깨끗이 자주 씻으면 미리 막을 수 있습니다. 예방 주사를 빠짐없이 챙겨 맞는 것도 좋은 방법입니다.

전염병은 어떤 병이며, 어린이가 잘 걸리는 전염병을 예로 들어 어떻게 해야 걸리지 않고 건강하게 살 수 있는지 말해 보세요(500~600자).

12   이슬람은 왜 여성을 차별할까

▲이슬람 여성들이 사원인 모스크에서 기도하는 모습. 이슬람은 여성이 공개적인 장소에서 남성과 함께 기도하지 못하게 한다.

일부 이슬람 국가들이 여성에게 교육을 받지 못하게 하고 사회 활동도 금지하는 등 여러 가지로 차별하고 있습니다. 어떤 나라들은 자전거를 타거나 자동차 운전도 못하게 하지요. 이슬람 여성들이 차별을 받는 까닭을 알아 보고, 이슬람 여성들이 차별을 극복할 수 있는 방법을 탐구합니다.

이런 걸 공부해요

이슈 여성 차별 심한 이슬람 국가들
- 학교 교육 금지하고, 외출할 때 히잡 강요
- 전통적인 성역할 강요가 여성 차별로 이어져

토론 부당한 차별 고치라고 요구하자
- 여성 스스로도 차별 극복하려고 노력해야
- 여성 차별을 없애기 위해 싸우는 사람들

여성 차별 심한 이슬람 국가들

학교 교육 금지하고, 외출할 때 히잡 강요

2014년 개봉된 사우디아라비아의 영화 '와즈다'(감독 하이파 알 만수르)의 주인공인 열 살 소녀 와즈다는 자전거를 타는 게 소원이다. 이 나라에서는 이슬람교의 가르침에 어긋난다며 여성에게는 자전거 타는 것을 금지했기 때문이다. 이 영화는 이슬람 국가의 여성 차별 실상을 파헤쳐 세계적으로 크게 화제가 되었다.

이슬람교를 믿는 파키스탄의 경우도 여성의 학교 공부를 금지해 여학교를 폐쇄했다. 말랄라 유사프자이(1997~)는 "여성도 학교에서 공부할 수 있게 해 달라."며 인터넷에 글을 올렸다가 이슬람 무장 세력에게 총격을 당해 목숨을 잃을 뻔했다. 그 뒤 말랄라는 여성의 교육을 받을 권리를 위해 꾸준히 활동한 공이 인정되어 2014년에 노벨 평화상을 받았다.

▲영화 '와즈다'의 포스터.

사우디아라비아와 파키스탄 등 이슬람교를 믿는 일부 국가들은 이슬람교의 가르침이라며 여성을 억압하고 차별하기 일쑤다. 여성에게 교육을 받지 못하게 하며, 외출할 때는 반드시 히잡을 쓰게 시킨다. 또 남성과는 한 공간에서 일하지 못하게 한다. 그래서 많은 이슬람 여성은 자신의 능력을 마음껏 펼치지 못하며 자유롭게 생활할 수도 없다.

세계일보 기사 등 참조

▲말랄라가 노벨상을 받은 소감을 밝히고 있다.

이런 뜻이에요
노벨 평화상 스웨덴의 과학자 노벨(1833~96)의 유언에 따라 만든 노벨상의 한 종류. 세계 평화에 이바지한 공이 큰 사람에게 준다.

이슈

전통적인 성역할 강요가 여성 차별로 이어져

▲이슬람 소녀들이 히잡을 쓰고 꾸란을 읽는 모습.

이슬람교는 610년경 사우디아라비아의 무함마드(570~632)가 알라의 계시를 받아 만든 종교다. 알라의 계시를 기록한 경전이 꾸란인데, 꾸란을 만들 당시 남성은 바깥일을, 여성은 집안일을 각각 나눠 맡았다. 이슬람교가 생긴 곳은 사막 지역이어서 물과 풀을 찾아 이동하며 동물을 길러야 했다. 그래서 힘이 센 남자가 주로 밖에서 일해야 했다. 그리고 남성들이 오랫동안 바깥일을 하며 자연스럽게 남성 중심의 사회가 만들어졌다.

이에 따라 여성의 사회 진출이 어려워지고, 여성을 차별하는 요인으로 굳어졌다. 시대가 변하면 성역할도 바뀌어야 하는데, 이처럼 옛날의 성역할을 이슬람의 가르침으로 여겨, 오늘날에도 강요하기 때문에 여성 차별이 심해진 것이다.

일부 이슬람 국가에서는 아직도 여성을 남성에게 의존하는 존재로 보고, 사회 활동을 하지 못하도록 제한하고 있다. 여성은 외출하거나 병원 치료를 받을 때도 남편의 허락을 받아야 하는 등 자기 일을 스스로 결정할 권리를 주지 않는다. 가족 외의 남성과 만나는 것을 나쁘게 여겨, 남성과는 같은 공간에서 일해서도 안 된다. 또 외출할 때는 히잡 등 가리개로 몸을 가려야 하며, 히잡을 두르지 않으면 벌을 주는 나라도 있다.

한겨레 기사 등 참조

이런 뜻이에요

알라 이슬람교에서 믿는 유일 신.
계시 사람의 지혜로는 알 수 없는 진리를 신이 가르쳐 알게 함.
성역할 사람의 행위나 태도와 관련해 남녀별로 적절하다고 규정된 것.

부당한 차별 고치라고 요구하자

여성 스스로도 차별 극복하려고 노력해야

▲'여성도 운전할 수 있게 해 달라'며 시위하는 사우디 여성. 이 나라는 여성에게 운전면허증을 발급하지 않는다.

▲이슬람 여성 인권 단체 회원들이 여성의 인권을 향상시킬 방법을 찾기 위해 회의하고 있다.

인도네시아는 세계에서 이슬람을 믿는 신자들이 가장 많다. 하지만 여성이 차별 대우를 받지 않는다. 여성 대통령까지 나왔으며, 여성이 일찍부터 생산 활동에 참여해 직장에서도 자유롭게 일할 수 있다. 부당한 대우를 고쳐 달라고 요구했기 때문에 여성의 권리가 빠르게 커진 것이다.

이슬람 국가의 여성들이 제대로 권리를 인정받으려면 부당한 대우를 받을 경우 개선해 달라고 요구해야 한다. 그리고 잘못된 관습을 바꾸기 위해 법이나 제도를 만들 때 여성도 적극 참여해 의견을 밝혀야 한다.

교육도 충분히 받을 필요가 있다. 어렸을 적부터 성 차별적인 말을 듣고 자라면, 커서도 잘못된 성역할에서 벗어나기 어렵다. 교육을 받을수록 진정한 이슬람 문화의 모습과 잘못된 성역할을 구분할 수 있기 때문이다.

직업도 가져야 한다. 여성이 직업을 가지면 경제적으로 독립할 수 있다. 자신의 적성과 능력에 맞는 직업을 가지려면 전문 지식을 익히고 직업 교육도 받는 것이 좋다.

이슬람 세계에서 여성 차별을 바꾸게 하려면 국제 사회도 이슬람 여성의 인권에 관심을 가져야 한다. 인터넷이나 방송 등 언론을 통해 여성을 차별하는 행동을 시정해 달라고 요구하고, 운동을 벌이면 된다.

경향신문 기사 등 참조

토론

여성 차별을 없애기 위해 싸우는 사람들

아프가니스탄 유일의 육상 선수로 올림픽 출전 성공

"아프가니스탄 여성들에게 여자도 운동선수가 될 수 있음을 보여 주고 싶었어요."

타미나 코히스타니(1989~)는 이슬람 국가인 아프가니스탄에서 올림픽에 출전한 유일한 여자 육상 선수다. 이 나라에서는 여자가 다른 사람들

▲2014년에 인천에서 열린 아시안게임 여자 육상 200미터에 출전한 타미나 코히스타니.

앞에서 몸을 드러내기를 꺼려 육상 선수가 되기까지 어려움이 많았다. 다른 선수들의 비난을 견디며 훈련해야 했다. 타미나는 "아버지께서 남녀는 평등하다고 가르쳤다"며 "부모님의 지지가 없었다면 육상을 하지 못했을 것."이라고 말했다. 2012년 런던올림픽에 출전한 뒤부터 팬들도 생겼고, 그에게 육상을 배우는 여자 선수들도 많다.

왕족 아닌데도 왕비에 올라… 여성 권리 찾기 앞장

이슬람 국가인 요르단의 왕비 라니아(1969~)는 여성의 권리 찾기에 앞장서고 있다. 그는 왕족이 아니었지만 이 나라의 압둘라 왕자와 사랑을 나눈 뒤 결혼했다. 그는 대학교까지 나왔고 은행에서 일한 경험도 있어, 여성 차별을 없애는 데 관심이 컸다. 인터넷과 방송을 통해 여성 차별을 바꾸기 위해 노력했다. 그는 또 여성 교육에도 앞장섰다. 교육을 받아야 경제적 자립을 이루기 위한 발판을 마련할 수 있기 때문이다. 그의 노력 덕분에 요르단 여성들의 사회 진출이 활발해졌고, 직업도 의사와 경찰 등으로 다양해졌다.

▲라니아(가운데) 왕비가 여성들이 교육을 받는 곳을 찾아가 이야기를 나누고 있다.

한국일보 기사 등 참조

생각이 쑤욱

1 일부 이슬람 국가들은 왜 여성을 차별하나요?

2 이슬람 여성들이 가장 싫어할 만한 차별 대우를 한 가지만 고르고, 어떻게 고쳤으면 좋은지도 말해요.

머리에 쏘옥

이슬람교

세계 인구의 25퍼센트가 이슬람교를 믿고 있어요. 이슬람교를 믿는 사람들은 알라의 말씀을 기록한 꾸란에 따라 살아요. 꾸란에는 예배에 관한 것부터 음식과 옷 등 생활에 관련된 내용까지 자세히 기록되어 있답니다.

이슬람교 신자는 다섯 가지 의무를 꼭 지켜야 해요. 먼저 매일 알라만 믿을 것을 다짐해야 합니다. 또 하루 다섯 번 정해진 시간에 무함마드가 탄생한 사우디아라비아의 메카를 향해 기도를 올려야 하며, 자신이 번 돈의 일부를 가난한 사람과 나누는 것도 의무입니다. 금식을 통해 절제를 배우는 의무도 있는데, 이슬람 달력으로 아홉 번째 달인 라마단 기간의 낮 동안에는 음식을 먹지 말아야 합니다. 사는 동안 성지인 메카를 꼭 한 번 방문해 예배를 드리는 것도 의무랍니다.

▲메카의 카바 신전에 모여 기도하는 신자들.

3 아래 표에서 이슬람교 신자들에 관한 설명들 가운데 맞는 것에 동그라미 표시를 하세요. 그리고 이슬람에 관해 과거부터 알았거나 새로 안 사실을 넣어 1분 동안 말하세요.

설명	표시
소년은 반드시 히잡을 써야 한다.	
어린이는 돼지고기를 자주 먹는다.	
알라를 믿는다고 말하면 누구나 이슬람교 신자가 될 수 있다.	
어디에 있든지 하루 다섯 번씩 메카(사우디아라비아)를 향해 절해야 한다.	
어린이는 어른이 되기 전에 메카에 꼭 다녀와야 한다.	
라마단에는 해가 떴을 때만 음식을 먹는다.	
가난한 사람들을 위해 재산의 일부를 기부해야 한다.	

생각이 쑤욱

4 이슬람 여성들 사이에서도 히잡에 관한 생각이 서로 달라요. 아래 사진의 여성들은 히잡을 어떻게 생각할지 설명하고, 히잡에 관한 내 의견도 밝혀요.

▲좋아하는 색의 히잡을 쓰고 멋을 낸 여성.

▲히잡을 벗은 것을 기념하기 위해 사진을 찍는 여성.

히잡은 _____
_____

머리에 쏘옥

히잡

히잡은 머리와 목을 가리는 천인데, 이슬람 여성들이 사용하는 가리개의 한 종류입니다. 이슬람교를 믿는 여성은 외출할 때 몸을 가려야 합니다. 남자들의 시선에서 자신을 보호하기 위해서지요.

가리개는 나라마다 모양이나 몸을 가리는 정도가 다릅니다. 예를 들어 사우디아라비아는 몸 전체를 감싼 검은 아바야를 착용해요. 인도네시아는 다양한 색깔의 히잡을 머리에 두르고 평상복 차림을 하지요.

히잡 착용을 두고 논란이 끊이질 않아요. 찬성 측은 히잡이 이슬람을 믿는다는 것을 표현하는 수단이며, 활동하는 데 불편함이 없다고 주장합니다. 반대 측의 경우 여성에게 히잡을 강요하고, 쓰지 않으면 불이익을 주는 것은, 여성 차별이라고 주장하지요.

5 우리나라에서 볼 수 있는 여성 차별적 말이나 행동을 한 가지만 찾고, 어떻게 고쳐야 할지 설명하세요.

☞ 성차별은 성별이 다르다는 이유로 차별하는 것을 말해요. 예를 들면 "어디서 여자가 감히…"라고 말하는 것도 성차별적인 것입니다.

여성 차별적 말이나 행동	이렇게 바꿔요

생각이 쑤욱

6 이슬람 여성들이 스스로 차별을 이겨 내기 위해 할 수 있는 일을 세 가지만 말해요.

머리에 쏘옥

우리나라 여성은 어떻게 대우받나

남녀가 평등하다는 것은 교육을 받거나 직업을 선택할 때 등에서 성별에 상관없이 똑같은 기회를 누리고, 개인의 능력에 따라 인정받는다는 뜻이에요.

1946년 우리나라에서 처음 여성 축구팀을 만들었을 때, 사람들의 반대가 심했어요. 축구는 여성스럽지 못하다고 여겼기 때문이죠. 우리나라도 과거에는 남녀의 구분이 심했고, 여성의 사회 활동을 권장하지 않았답니다. 하지만 오늘날에는 개인의 적성과 능력에 따라 다양한 직업을 가질 수 있지요.

성역할 고정 관념을 극복하기 위해 노력한 덕이랍니다. '여성은 어떠하다', '여성은 어떠해야 한다' 등은 성역할 고정 관념에서 나온 표현이지요.

우리나라는 지금도 학교에서 양성평등을 교육하고, 공익 광고를 하는 노력을 계속하고 있어요.

7 이슬람 국가의 잘못된 성역할에 길들여져 꿈이 없는 소녀들이 많아요. 소녀들이 꿈을 가질 수 있도록 역할 모델을 소개하세요.

☞ 역할 모델은 '본받고 싶은 사람'을 말해요. 본보기가 될 만한 사람을 정해, 그 사람을 따라하면 목표 달성이 쉬워요.

소개하고 싶은 사람	
소개하는 까닭	

행복한 논술

　이슬람 국가의 여성들은 성 차별 때문에 자신의 능력을 마음껏 펼치지 못하고 사는 경우가 많습니다. 이슬람의 가르침이라며, 옛날의 성역할을 여성에게 강요하기 때문이지요. 이러한 태도는 이슬람의 가르침이 적힌 꾸란이 만들어질 당시의 상황을 생각하지 않고, 여성의 사회 활동을 막는 데서 나온 것입니다. 성역할은 시대에 따라 바뀌어야 합니다. 여성도 개인의 적성과 능력에 맞게 다양한 사회 활동을 할 권리가 있습니다. 이슬람 사회에서 여성 차별을 없애려면, 잘못된 성 차별 관습이나 법·제도부터 고쳐야 합니다. 여성 스스로도 자신의 권리가 무엇인지 알고 개선해 달라고 요구해야 합니다. 직업을 가지고 경제적으로 독립하는 일도 중요합니다.

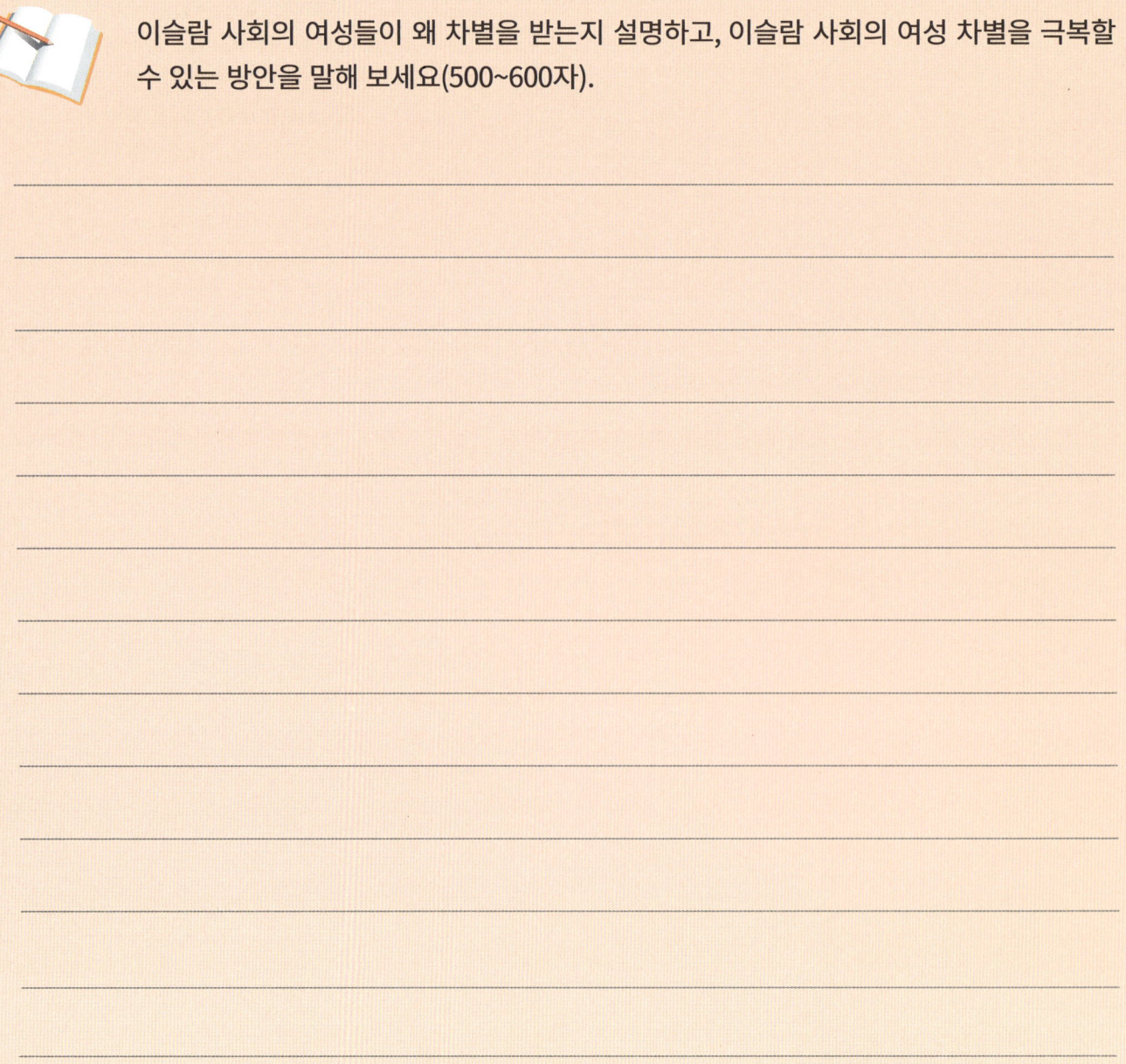

이슬람 사회의 여성들이 왜 차별을 받는지 설명하고, 이슬람 사회의 여성 차별을 극복할 수 있는 방안을 말해 보세요(500~600자).

답안과 풀이

01 토론의 달인이 되는 길

♣14쪽
▶생각이 쑤욱

1. 예시 답안

주입식 교육에 익숙해졌고, 학교에서 토론 방법을 배운 적 없기 때문이다. 그리고 혼자서 하는 공부를 편안하게 생각하고, 토론을 다른 사람과 다투는 것으로 생각하기 때문이다.

2. 예시 답안

반대 의견을 들으면서 세상을 보는 시각을 다양하게 기를 수 있고, 생각의 폭이 넓어진다. 비판 능력도 기를 수 있으며, 문제에 대한 효과적인 해결 방법을 찾을 수 있다. 수업에 적극 참여하게 되는 점도 좋고, 표현 능력을 기를 수 있고, 쓰기 학습에도 큰 도움이 된다.

3. 예시 답안

-가장 좋은 과목 : 사회 과목이라고 생각한다. 사회에서 일어날 수 있는 여러 가지 문제를 다양한 입장에서 살펴볼 수 있기 때문이다.

-가장 좋지 않은 과목 : 수학 과목이라고 생각한다. 수학은 답이 정해져 있기 때문에 토론보다는 스스로 문제를 푸는 것이 더 효과적일 것이다.

♣15쪽
▶생각이 쑤욱

4. 예시 답안

결정 방식	적용하면 좋은 상황
제비 뽑기	반에서 짝을 뽑을 때/청소 당번을 정할 때 등
명령	선생님이 학생들에게 지시할 때
다수결 방식	소풍을 어디로 갈지, 반 티셔츠 색을 무엇으로 할지처럼 학급 전체와 관련된 일을 정할 때
토론	휴대전화를 가지고 다녀도 되는가, 머리 염색을 해도 되는가처럼 상황에 대한 입장이 분명하게 나뉠 때

5. 예시 답안

-토론이 필요한 주제 : 키가 작은 사람이 가장 앞자리에 앉는 것은 정당한가.

＜찬성 이유＞

키가 작은 사람이 뒤에 앉으면 앞사람에 가려 칠판이 잘 안 보인다/키가 큰 사람은 키가 작은 사람이 앞에 앉아도 거의 방해를 받지 않는다/자신보다 신체 조건이 나쁜 사람에게 양보하는 마음을 키울 수 있다 등.

＜반대 이유＞

키가 크지만 눈이 나쁜 사람이 있을 수 있다/앞자리는 선생님의 말씀이 잘 들리는 데다 공부하기에 좋은 자리여서 앉고 싶은 학생이 많다/신체 조건은 자신이 선택할 수 없는 문제인데 키가 크다는 이유로 뒤에 앉아야 한다 등.

-토론이 필요한 주제 : 초등학생이 스마트폰을 사용하는 것이 바람직한가.

＜찬성 이유＞

수업에 필요한 정보를 얻을 수 있다/카카오톡 또는 함께 할 수 있는 게임으로 다른 친구들과 친해질 수 있다/일반 전화와 스마트폰의 이용 요금이 큰 차이가 없는 상황에서는 스마트폰을 쓰는 것이 더 이득이다 등.

＜반대 이유＞

스마트폰에 중독될 수 있고 스마트폰에 시간을 많이 빼앗긴다/친구들과 어울려 놀아야 할 시간에 혼자 스마트폰을 한다/어렸을 때부터 스마트폰 화면을 오랜 시간 바라보면 눈이 나빠진다 등.

♣16쪽
▶생각이 쑤욱

6. 예시 답안

시간이 정해져 있기 때문에 여러 의견 중 하나에만 치우쳐 시간을 다 쓰는 것을 막을 수 있다/토론을 평가할 때 평가 기준에 따라 채점하기 쉽다/주장 펼치기-반론 펴기-주장 다지기의 단계를 거치기 때문에 단계에 맞게 자신의 의견을 주장할 수 있다 등.

7. 예시 답안

토론 주제를 더 잘 이해하기 위해서다/토론에서 부족한 점을 발견하고 고치기 위해서다/더 예의 바른 토론 태도를 갖기 위해서다 등.

♣17쪽
▶행복한 논술 (예시 답안)

찬반 토론은 하나의 주제를 놓고 찬성과 반대 의견으로 나눠, 정해진 규칙에 따라 벌이는 토론이다. 찬반 토론의 순서는 대체로 토론자와 사회자 정하기→주제 정하기→주장 펼치기→반대 심문하기→주장 다지기→평가하기 순으로 이어진다. 토론에 앞서 사회자와 토론자, 평가자를 정하고 각자 맡은 역할을 알린다.

먼저 학생들이 흥미 있어 하는 주제를 정한 다음 찬성과 반대 두 모둠으로 나누고, 주장 펼치기를 한다. 자신의 생각을 말하되, 생각을 뒷받침하는 이유를 두세 가지 댄다. 주장 펼치기가 끝나면 상대 주장을 반박하는 반론 펴기가 이어진다. 반론 펴기는 상대의 의견에서 틀린 부분이나 논리에 맞지 않는 부분을 지적한다. 상대의 반론을 다 듣고 나면 반론 꺾기가 이뤄지는데, 상대편의 반론에서 옳지 않은 부분이나 말이 되지 않는 부분을 지적한다. 주장 다지기는 상대편 주장의 잘못을 지적하고 자기 편의 정당함을 강조하는 순서다. 토론이 끝나면 토론 평가표를 적고, 토론 주제를 직접 글로 적어 마무리한다.

02 공룡 화석 지키기

♣23쪽
▶생각이 쑤욱
1. 예시 답안
사람들이 공룡 화석을 훔쳐가는데다, 보호 시설이 없어 비나 바람에 부스러지기 때문이다 등.
2. 예시 답안
공룡이 살았던 시대의 자연 환경과 공룡의 생활 방식, 진화 과정 등을 알 수 있다.
3. 예시 답안
브라키오사우루스 부부가 사이좋게 길을 걷고 있었다. 그런데 굶주린 티라노사우루스 두 마리가 브라키오사우루스를 노리고 있었다. 이들은 타고난 사냥꾼이어서 발소리를 내지 않고 살금살금 걸어 왔다. 브라키오사우루스는 목이 길고 머리가 위쪽에 있기 때문에 아래쪽에서 나는 소리를 잘 듣지 못한다. 그래서 티라노사우루스가 다가오는 것을 눈치채지 못했다. 티라노사우루스 한 마리가 막 브라키오사우루스에게 덤벼들려던 때, 옆에서 먹이를 쪼던 새가 푸드득 날아올랐다. 브라키오사우루스는 놀라서 재빨리 달아났고, 사냥을 하려던 티라노사우루스는 닭을 쫓던 개가 지붕을 쳐다보는 신세가 되었다.

♣24쪽
▶생각이 쑤욱
4. 예시 답안
나뭇잎 화석은 나뭇잎 위로 흙이 덮여 나뭇잎의 모양이 돌에 그대로 남아서 만들어진다. 공룡 흔적 화석은 공룡의 피부나 발자국이 화석으로 남은 것인데, 피부나 발자국 흔적 위로 흙이 덮여 만들어진다. 두 화석 모두 태풍이나 지진의 영향을 받지 않고, 땅이 심하게 움직이지 않아야 화석이 될 수 있다. 나뭇잎 화석과 공룡 흔적 화석에는 생물이 어떤 모습으로 살았는지 정보가 담겨 있을 뿐만 아니라, 그 생물이 살던 때의 자연 환경에 관한 정보도 담겨 있다.
5. 예시 답안

행사 이름	공룡화석체험전
행사 목적	사람들에게 공룡 화석이 중요한 이유를 알리기 위해
내용	공룡 모형과 찰흙을 이용해 다양한 공룡 화석을 만듦
준비물	공룡 모형, 식용유, 찰흙
참가 대상	초등학생과 학부모
기타	발자국 화석, 피부 화석 등 다양한 화석을 만듦

♣25쪽
▶생각이 쑤욱
6. 예시 답안
<공룡 화석 보호 구역>
1. 화석을 관찰할 때 화석을 밟거나 화석 안으로 들어가지 마세요.
2. 화석 안에 물건을 집어넣거나 쓰레기를 버리지 마세요.
3. 안내원의 지시에 따르고 가능한 한 정해진 길을 벗어나지 마세요.
*화석이 부서지거나 더럽혀졌을 때는 문화재청 02-xxx-xxxx으로 신고해 주세요.
7. 예시 답안
화석을 훼손하는 사람에게는 화석 근처에서 쓰레기를 줍거나 울타리를 치는 일을 시키고, 화석을 훔쳐 가는 사람에게는 화석의 가치를 따져서 그만큼의 돈을 훔쳐 갔을 때와 같은 벌을 주어야 한다.

♣26쪽
▶행복한 논술 (예시 답안)
공룡 화석은 크게 골격 화석과 흔적 화석으로 나뉜다. 골격 화석은 공룡 뼈가 화석이 된 것이고, 흔적 화석은 공룡의 발자국이나 피부가 화석으로 남은 것이다. 우리나라의 화석은 대다수가 흔적 화석인데 남쪽에 큰 호수가 많았고, 호수 주변의 진흙에는 공룡 발자국이 잘 남기 때문이다. 공룡 화석은 공룡이 살았던 시대의 환경을 알려 주고, 지구의 미래를 예측할 수 있는 연구 자료가 되므로 잘 보존해야 한다.
화석의 훼손을 막으려면 화석 정보와 경고문이 적힌 안내판을 설치하고 울타리를 치거나 CCTV를 설치해야 한다. 훼손이 심하면 표면이 부서지는 것을 막는 처리를 하고, 비와 바람에 손상되지 않도록 유리로 된 보호막을 치는 것도 한 방법이다. 관람객은 최대한 화석이 손상되지 않도록 관찰하고, 훼손된 화석을 발견하면 즉시 문화재청에 신고한다. 또 자연사박물관을 만들어 전문가를 키우면 화석을 보존하는 데 도움이 될 것이다.

03 성공하려면 집안일 도와라

♣32쪽
▶생각이 쑤욱
1. 예시 답안

구분	내용
입을 것과 관련된 일	빨랫감 한 곳으로 모으기, 세탁기에 빨래하기, 빨래 널기, 세탁소에 세탁물을 맡기거나 찾기, 옷을 개어 서랍이나 옷장에 넣기 등
먹을 것과 관련된 일	밥상에 반찬이나 수저 놓기, 반찬 만들 때 돕기, 간단한 간식 만들어 먹기, 쌀 씻어 밥 하기, 설거지하기, 과일을 씻거나 깎기 등
집과 관련된 일	신발 정리하기, 휴지통 비우기, 쓰레기 분리 배출하기, 화분에 물 주기, 애완 동물에게 먹이 주기 등
집안일을 하면 좋은 점	공동체 구성원으로 책임감을 느낄 수 있다/다른 사람과 의사를 소통하는 방법과 공감 능력을 기를 수 있다/몸을 쓰면서 일을 하는 방법을 익혀야 하기 때문에 인내심과 집중력이 생긴다/집안일을 책임지고 해 내면 성취감이 커지고, 성공 경험이 쌓여 자신감이 생긴다/다양한 직업 체험을 할 수 있는 기회가 된다 등

2. 예시 답안
　가족들에게 때와 장소에 맞는 옷을 권하는 것이 재미있다면, 의상 디자이너를 해도 좋다/생일이나 기념일 같은 가족 행사를 준비하는 일이 즐거우면, 파티플래너가 어울린다/집안일을 하다 불편한 점을 고칠 방법을 잘 찾아내면 발명가의 소질이 있다 등.

3. 예시 답안

나	숙제하기 바빠 집안일을 도울 시간이 없어요.
↳	집안일은 책임감과 배려심, 공감 능력 등을 배울 수 있는 기회랍니다. 어렸을 적부터 집안일을 하면, 성공할 가능성이 크다는 연구 결과도 있어요.
엄마	아이가 설거지하면 오히려 엉망진창이 돼요. 그래서 '그냥 엄마가 할게.'라고 말했어요.
↳	아이가 처음에는 집안일에 서툴러도 점차 능숙해질 것입니다. 집안일의 교육적 효과를 생각해 조금만 참고 기다려 주세요.
아빠	집안일은 직장에 다니지 않는 사람이 하면 돼요.
↳	집안일은 가족의 일이므로, 가족 모두 함께 해야 합니다. 혼자 집안일을 다하면 힘이 듭니다. 집안일을 하면서 가족끼리 더 친해집니다.

♣33쪽
▶생각이 쑤욱
4. 예시 답안
　-내가 계속하겠다 : 가사 도우미 로봇이 우리 집에 있어도 집안일을 계속할 것입니다. 어린이가 집안일을 도우면서 책으로는 배우기 힘든 책임감과 배려심, 공감 능력 등을 배울 수 있기 때문입니다.
　-로봇에게 맡기겠다 : 가사 도우미 로봇이 우리 집에 있다면 집안일을 하지 않을 것입니다. 집안일을 할 시간에 친구들과 놀고, 현장 체험 학습 등을 하면서 다양한 것을 배우는 것이 더 낫기 때문입니다.

5. 예시 답안
　-제목 : 집안일 하면
　-노랫말 : 집안일 하면은/성~공 한대요/성적보다 중요한/배려심 길러요
　-제목 : 행복한 우리집
　-노랫말 : 집안일 가족일/모두가 함께해/가족 위해 일하면/모두가 행복해

♣34쪽
▶생각이 쑤욱
6. 예시 답안
　-찬성입니다 : 법으로 만들면 모두가 집안일의 중요성을 깨닫게 될 것입니다. 책임감과 배려심 등 사회 구성원으로서 지녀야 할 것을 가정에서 배우는 것이 효과적입니다.
　-반대입니다 : 어린이가 집안일을 자발적으로 하는 것이 교육적인 효과가 큽니다. 억지로 시키면 더 하기 싫습니다. 각 가정의 상황에 맞게 선택해야 합니다.

7. 예시 답안

구분	가족 회의 내용
주제	집안일 어떻게 나눠 하면 좋을까
날짜와 시간	○○○○년 ○○월 ○○일 저녁 7시
장소	우리집 거실
참석자	아빠, 엄마, 나, 동생
내가 할 수 있는 집안일	1. 식사할 때 숟가락을 놓거나 냉장고에서 반찬을 꺼내는 일을 할 것입니다. 2. 매일 저녁 식사를 마친 뒤 진공청소기로 거실을 청소합니다. 3. 학교에 다녀온 뒤 동생과 30분 동안 놀아 줍니다.
가족에게 하는 제안	처음에는 집안일이 서툴러 실수하거나 제대로 하지 못해도 이해해 주세요. 어려운 집안일도 차근차근 알려 주시면 열심히 배우겠습니다. 집안일을 끝내면 '잘했다, 수고했다'는 말로 격려해 주세요. 집안일을 할 때는 가족을 사랑하는 마음으로 기쁘게 하겠습니다.

♣35쪽
▶행복한 논술 (예시 답안)
　우리나라 어린이들은 공부에 내몰려 집안일을 돕는다는 생각조차 못하고 있다. 그런데 2015년 미국 미네소타대학의 연구진은 어릴 적부터 집안일을 도울수록 공부도 잘하고 직업적으로도 성공한다는 연구 결과를 발표했다. 집안일을 하면서 책임감과 배려심 등 사회 구성원으로서 갖추어야 할 인성을 배우기 때문이다.
　어린이들이 도울 수 있는 집안일은 많다. 지금까지 이불 정리 등 스스로 할 일을 부모가 대신했다면, 그것부터 스스로 하면 된다. 그러면서 우편함에서 우편물 가져오기, 쓰레기 분리 배출하기, 신발장 정리하기 등 조그만 일이라도 가족을 위한 일로 넓힌다.
　집안일에 습관을 들이려면 쉬운 일부터 실천해 흥미와 성취감을 느끼는 것이 좋다. 집안일은 시간을 규칙적으로 정하고, 구체적으로 계획을 세워 실천해야 효과적이다. 무엇보다 가족을 위해 대가 없이 한다는 마음가짐이 중요하다.

04 속담에 담긴 문화 읽기

♣41쪽
▶생각이 쑤욱
1. 예시 답안
　학교에서 배우지 못하고, 어렸을 때부터 전래 동화를 많이 읽지 않아 속담을 접할 기회가 적었기 때문이다. 사회 변화가 빨라 속담에 등장한 사물이 낯선 까닭도 있다.
2. 예시 답안

	소	말	하늘
속담	소 잃고 외양간 고친다.	발 없는 말이 천리 간다.	하늘은 스스로 돕는 자를 돕는다.
생활 모습	소를 귀하게 여기는 모습	말을 조심해야 한다고 여기는 모습	노력을 중요하다고 생각하는 모습
지혜	미리 대비하라.	말을 조심하라.	늘 노력해라.

3. 예시 답안

원래 속담	암탉이 울면 집안이 망한다.
뜻풀이	남자를 제쳐놓고 여자가 모든 일을 나서서 하면 일이 제대로 되지 않는다는 뜻
고친 속담	암탉이 울면 알을 낳는다.
고친 까닭	여자가 나서서 일을 하면 집에 이득이 생긴다는 점을 표현했다.

원래 속담	양반은 얼어 죽어도 짚불은 안 쬔다.
뜻풀이	양반은 아무리 어렵고 다급해도 체면을 깎는 짓은 하지 않는다는 뜻
고친 속담	양반은 필요하면 나가서 장작도 팬다.
고친 까닭	체면을 중시해 손해를 보기보다는 문제를 적극 해결하려는 자세가 필요하다는 뜻

♣42쪽
▶생각이 쑤욱
4. 예시 답안
　자기 잘못을 직접 지적받았을 때는 부끄럽고 화가 나서 충고를 잘 받아들이지 못한다. 그러나 속담을 사용해 말을 들었을 때는 잘못을 직접 지적당하지 않았기 때문에 기분도 나쁘지 않고 여유가 생겨 자신이 무엇을 잘못했는지 찬찬히 생각해 볼 수 있다.
5. 예시 답안 (그림 생략)
　'개구리 올챙이 적 생각 못한다.'는 속담이 있다. 친구가 축구부에 들어가서 학년이 높아져 이제 주장이 되었는데, 후배들이 실력이 없다고 윽박지르며 가르칠 경우 쓸 수 있다. 자신도 과거에는 실수 투성이였음을 상기시키면서 친절하게 가르치라고 충고할 때 알맞다.

♣43쪽
▶생각이 쑤욱
6. 예시 답안
　-공통점이 생기는 까닭 : 나라가 달라도 사람이 살면서 중요하다고 생각하는 가치는 비슷하기 때문이다.
　-차이점이 생기는 까닭 : 나라마다 문화나 국민성이 다르기 때문이다.
7. 예시 답안

필요한 자세	내가 만든 속담
정직하고 속이지 않는 자세	닦아 놓은 유리창이다.
꾸준히 노력하는 자세	천 자 원고지도 첫 칸부터 쓴다.
다른 사람을 배려하는 자세	마음결이 극세사 담요다.

♣44쪽
▶행복한 논술 (예시 답안)
　속담이란 입에서 입으로 전해 내려오는 교훈이나 풍자가 담긴 말이다. 10자 이내로 짧은 것이 특징이며, 조상들이 오랜 세월에서 얻은 지혜나 경험이 담겨 있다. 속담은 긴 말로 설명하는 것보다 의미를 쉽게 전달할 수 있고, 듣는 사람도 공감을 느끼게 한다. 어떤 일을 성공하기 위해 노력하는 친구에게 '정성과 노력을 들여 한 일은 쉽게 없어지거나 실패하지 않는다'고 하기보다 '공든 탑이 무너지랴'는 속담을 사용해 격려한다면 말하고 싶은 내용을 더욱 효과적으로 전달할 수 있다. 이처럼 속담은 생활에서 자주 마주칠 수 있는 여러 상황에서 효과적으로 사용하면 효과적이다.

사람들이 속담을 잘 사용하게 하려면 학교에서 수업 시간에 속담을 가르쳐야 한다. 속담 골든벨이나 속담 백일장 등 대회를 열어 속담 익히기를 권장해도 좋다. 학생은 일기나 글짓기, 대화에서 속담을 자주 사용하도록 노력한다. 전래 동화를 자주 읽거나 속담과 관련된 책을 즐겨 읽는다면 속담을 잘 익힐 수 있을 것이다.

05 반려견은 장난감인가

♣50쪽
▶생각이 쑤욱
1. 예시 답안

문제점	해결 방법
반려동물등록제가 시행되는 것을 모르는 사람이 많다.	공익 광고를 만들어 TV에 광고하는 등 적극적인 방법으로 알린다.
개의 몸에 칩을 넣으면 안전한지 검증되지 않았다.	믿을 만한 단체에서 개의 몸에 넣는 칩이 안전한지 검증해서 발표한다.

2. 예시 답안

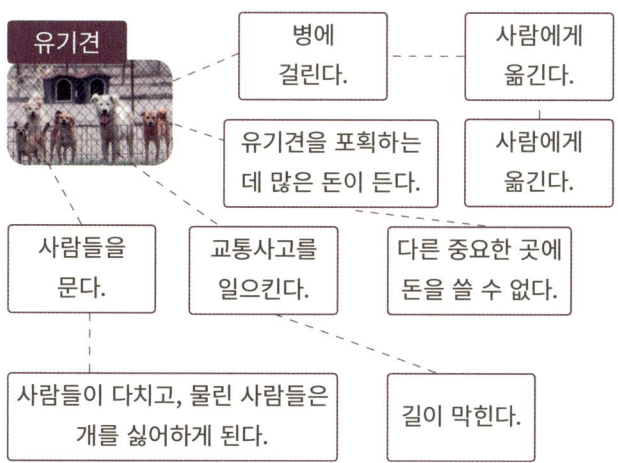

3. 예시 답안
- 생명이 있는 동물인데 자라는 건 당연해요. 개를 키우기 전에 개에 관한 정보를 알고 신중하게 생각하셨어야 해요. 다 커버리니 귀엽지 않다고 생각하면 책임감이 없는 것이지요. 반려견을 장난감이 아니라 가족으로 생각하세요.
- 개가 평소 산책을 나가지 못해 이상 행동을 할 수도 있어요. 가끔씩 산책을 나가고 관심을 보여 주세요. 털이 날리는 건 청소하면 되잖아요. 털을 짧게 깎아 줘도 좋고요. 개의 잘못된 행동은 충분히 고칠 수 있어요. 주인의 인내와 노력이 필요합니다.

♣51쪽
▶생각이 쑤욱
4. 예시 답안

개를 입양하는 일은 가족을 하나 더 만드는 것과 같다. 그런데도 사람들은 그 일을 너무 쉽게 결정한다. 당장 심심하다거나 애들이 원한다고 개를 키우면 안 된다. 개를 가족으로 맞을 준비를 한 사람들이 키워야 한다. 키우기로 결정했다면 끝까지 책임을 다해야 한다. 반려 동물 소유주에 관한 인식 조사를 보면, 절반이 넘는 사람들이 반려 동물 키우기를 중간에 포기한 경험이 있다고 대답했다. 자신들이 키우기를 포기한 반려 동물이 어느 곳에 가서 어떻게 지내는지 확인하지 않는 사람들이 대다수다. 제때 먹이를 주지 않아도 쑥쑥 잘 크는 반려 동물이라고 하더라도 어떤 생명이든 사랑을 베푸는 것이 필요하다. 더욱이 강아지는 주인의 사랑이 있어야 잘 자라는 동물이다. 반려견을 키우려고 마음을 먹었거나 현재 키우는 사람들은 생명을 기르는 일에는 책임과 의무가 필요함을 명심해야 한다.

5. 예시 답안
스타들이 유기견을 입양한 사례를 TV나 신문 등을 통해 널리 알리면 좋다. 유기견을 입양하는 사람들에게 예방 접종을 공짜로 하거나 일정 기간 사료를 주는 등의 혜택을 줘도 효과가 있을 것이다. 동네 동물병원마다 유기견 보호소를 따로 두어 유기견을 입양할 수 있는 기회를 늘리는 것도 한 방법이다.

♣52쪽
▶생각이 쑤욱
6. 예시 답안

인간에게 충성하는 개를 주인공으로 한 감동적인 영화를 상영한다. 영화가 끝나면 그에 대비되는 인간의 행동을 담은 영상을 보여 줘 인간의 이기적인 행동으로 상처받는 동물의 삶을 보여 준다. 동물 보호 단체와 연계해 동물 사랑 실천 방법 등을 배우는 시간을 가져도 유익하다. 유기견 보호소 등을 찾는 현장 학습 시간을 마련해도 되고, 교실에서 직접 개와 함께 반려견 대하는 방법 등을 실습을 통해 배울 수 있도록 하면 효과적일 것이다.

7. 예시 답안
(…) 그 이야기를 듣자마자 난 가슴이 콩닥콩닥 뛰었다. 새로운 주인을 만날 기쁨에 밤잠도 설쳤다. 드디어 창우형네 집에 도착했다. 나를 위한 예쁜 집도 마련한 창우형네 가족을 생각하니 가슴이 뭉클했다. 하지만 아직도 두려운 게 사실이다. 예전 주인이 나를 버렸듯, 창우형네 가족도 내가 귀

찮으면 버리지 않을까. 모든 게 낯설어 내가 자꾸 숨으니까 창우형이 속상한가 보다. 이제 나도 마음을 열어야겠다. 유기견 보호소의 친구들도 나처럼 얼른 새 가족을 만났으면 좋겠다.

♣53쪽
▶행복한 논술 (예시 답안)

행복아, 우리나라에 반려동물등록제가 시행되는 거 아니? 한 해 9만 마리의 개가 버려지는데, 이를 줄이기 위해 만든 제도야.

사람들은 예쁘고 귀엽다고 개를 키우다가 여러 가지 이유로 버린단다. 그런데 병에 걸려 치료비가 많이 들거나 키우는 데 돈이 많이 들어간다고 버리는 개가 가장 많대. 유기견이 늘어나면 전염병에 걸린 개들이 사람들에게도 병을 옮길 수 있어. 도로에 뛰어들어 교통사고도 일으키지. 유기견을 잡아들이고 관리하는 데도 한 해에 100억 원이 들어간대.

그러니 유기견이 생기지 않도록 하는 것이 중요해. 반려견을 키우려는 사람들은 끝까지 보살피는 책임감을 가져야 하지. 반려견 문화가 발달한 선진국처럼 동물등록제를 활성화하고, 어린 시절부터 생명의 소중함을 배우도록 교육한다면, 키우던 개를 함부로 버리는 사람들이 줄어들 거야.

06 아기를 낳지 않는 나라의 비극

♣59쪽
▶생각이 쑤욱
1. 예시 답안

인구	어떤 한 지역에 사는 사람의 수
인구 문제	인구 변화로 생기는 여러 가지 문제
저출산	새로 태어나는 아기 수가 점점 줄어드는 것
고령화	65세 이상 노인 인구가 늘어나는 것

2. 예시 답안

서로 돕는다/서로 가르치고 배운다/옷과 장난감 등을 물려 쓸 수 있다/함께 놀기 때문에 심심하지 않다/집안일을 돕는다/양보하고 타협하는 정신을 배운다 등.

3. 예시 답안

덮어놓고 낳다 보면 우리나라 강국 된다/둘씩만 낳으면 대한민국 부자 된다 등.

♣60쪽
▶생각이 쑤욱
4. 예시 답안

원인	해결 방법
결혼하지 않는 사람들이 늘어남	결혼한 부부에게 집을 싸게 살 수 있도록 나라에서 지원한다.
일하는 여성이 늘어남	직장마다 보육 시설을 갖춘다.
아이 키우는 데 비용이 많이 듦	대학 등록금을 포함해 교육에 드는 비용을 낮춘다.

5. 예시 답안

학교에 입학하는 학생 수가 줄어 교실은 남아돌고, 산부인과나 소아과 등 병원을 이용하는 아기 수는 감소한다. 물건을 사는 사람들이 줄어 기업의 생산도 감소하며, 이 바람에 시장이 축소되어 경제 발전이 어려워진다.

♣61쪽
▶생각이 쑤욱
6. 예시 답안

일할 사람이 감소하고, 고령자 연금 예산을 늘려야 하기 때문에 다른 분야의 투자를 줄여야 하는 문제점이 따른다. 그리고 젊은이들이 부양해야 할 노인 인구가 늘어 세대 간 갈등이 심해질 수 있다.

7. 예시 답안

-김현민 : 임신 초기에는 입덧 때문에 괴로울 수 있다. 따라서 직장 동료들이 임신한 여성의 특성을 이해하고, 회식 때 빼 주는 등의 배려가 필요가 필요하다.

-서인영 : 출산한 직장 여성이 회사에서 눈치를 보지 않고 육아 휴직을 쓸 수 있도록 의무화한다. 직장에 돌아왔을 때 반기는 분위기를 만드는 것도 필요하다.

♣62쪽
▶행복한 논술 (예시 답안)

우리나라 인구는 강대국의 기준인 5000만 명을 넘지만, 30년쯤 뒤에는 5000만 명 밑으로 떨어질 것이라고 한다.

인구가 감소하는 가장 큰 원인은 출산율이 낮기 때문이다. 결혼한 사람들이 아기를 낳지 않으려고 해서 그렇다. 맞벌이가 갈수록 늘어나는 상황에서 여성들이 임신하거나 출산한 뒤 직장에서 불이익을 당하므로 아기 낳기를 꺼리는 것이다. 게다가 출산한 뒤 직장에 다니려 해도 아기를 안심하고 맡길 수 있는 보육 시설이 부족한 점도 문제다.

인구가 감소하면 경제 발전을 기대하기 어렵다. 인구는 경제 성장의 원동력이기 때문이다. 인구가 많을수록 일할 수 있는 사람도 증가하고, 소비도 늘어 기업의 생산 활동을 활발하게 만든다. 이에 따라 시장이 커지고 나라의 경제도 발전하는 것이다.

따라서 우리나라도 하루속히 아기를 낳기에 좋은 사회적 환경을 갖춰야 한다. 프랑스와 스웨덴 등은 여성이 아기를 낳고 직장에 다시 다니는 게 당연하게 받아들여진다. 국가에서 출산과 보육에 다양한 지원을 아끼지 않기 때문이다. 미국도 이민을 받아들여 인구 감소를 막고 있다. 우리나라도 인구가 국가의 소중한 자산임을 깨닫고, 저출산을 극복하는 데 모든 힘을 기울여야 한다.

07 남북한 통일되면 거지 될까

♣68쪽
▶생각이 쑤욱
1. 예시 답안
　분단 상황 때문에 추가로 들어가는 국방비를 줄여 나라 발전에 필요한 다른 곳에 쓸 수 있다. 그리고 전쟁의 위험 부담이 줄어 외국인의 투자가 늘어난다. 북한의 지하 자원을 이용할 수 있는 점도 경제 발전에 도움이 된다.
2. 예시 답안
　새터민을 통해 북한 사람들에 관해 잘 알 수 있고, 북한 사람들과 함께 어울려 사는 방법을 배울 수 있다.
3. 예시 답안
　학생들은 통일 비용이 많이 들어 나라가 가난해지고, 사회가 혼란해진다는 이유 때문에 통일을 원하지 않았습니다.
　-저는 통일이 (필요하다, 필요하지 않다)고 생각합니다. 왜냐하면 남북한이 합쳐지면 국토가 넓어지고, 인구가 늘어나 국력이 세지고 경제가 발전하기 때문입니다.
　-저는 통일이 (필요하다, 필요하지 않다)고 생각합니다. 왜냐하면 통일 비용이 많이 들어 가난해지고, 남북한 사람들의 생활 방식과 생각이 서로 달라 사회가 혼란해질 수 있기 때문입니다.

♣69쪽
▶생각이 쑤욱
4. 예시 답안
　세계인들에게 한반도의 통일에 관한 관심을 불러일으켜 통일을 앞당길 수 있을 것이다. 관광 수입이 늘어 통일 비용을 마련할 수는 장점도 있다. 북한 사람들과 자주 만나 친하게 지낼 수 있는 기회가 되기도 한다.
5. 예시 답안
　라바 만화책을 택하겠다. 남북한 학생이 같은 만화를 즐겨 본다면, 만났을 때 대화거리가 많아 쉽게 친해질 것이다. 라바는 우리나라에서 인기 있는 만화이고, 글이 없이 그림의 상황 설명만으로 재미를 얻을 수 있기 때문에 글자를 몰라도 볼 수 있다.

♣70쪽
▶생각이 쑤욱
6. 예시 답안
　장마당을 구경하고 싶다. 남한 시장과 어떻게 다른지 궁금하고, 북한 어린이들이 좋아하는 간식거리도 사 먹고 싶기 때문이다.
7. 예시 답안

할 수 있는 일	실천 계획
통일의 필요성 알기	'통일드림콘서트'에 참가한다.
북한에 관심 갖기	북한 관련 신문 기사를 스크랩해 읽는다.
새터민 관련 책 읽기	새터민 관련 동화책을 찾아 읽는다.

♣71쪽
▶행복한 논술 (예시 답안)
　초중고등학생의 63퍼센트만 남북한의 통일이 필요하다는 정부의 조사 결과가 나왔다. 통일에 드는 비용 때문에 가난해지고 사회가 혼란해진다는 이유로 통일을 원하지 않는 것이다. 앞으로 통일을 이끌어 갈 학생들에게 통일 교육을 제대로 하지 않아 생긴 현상이다.
　남북한의 통일이 이뤄지면 세계 7위의 강대국이 될 수 있다고 한다. 전쟁의 위험에서 벗어나고, 분단 때문에 추가로 부담해야 하는 군사비를 나라 발전에 쓸 수 있기 때문이다. 또 국토가 넓어지고 인구가 늘어나며, 활용할 수 있는 자원도 많아진다. 남북한의 전쟁 위험이 사라져 외국인 투자가 늘어나고, 관광 산업이 발전하는 등의 이점도 있다.
　통일을 이루려면 학생들에게 통일의 필요성을 느끼도록 학교에서 통일 교육을 강화해야 한다. 통일 교육 시간을 늘리고, 지속적으로 교육해 학생들이 통일을 긍정적으로 생각하도록 하는 것이다. 대신 수업 내용을 학생들의 수준과 흥미에 맞춰야 교육 효과를 높일 수 있다. 북한 또래 학생들의 생활과 문화를 접할 기회를 많이 줘서 북한을 남한과 같은 문화를 가진 동포로 받아들일 수 있게 하는 노력도 필요하다.

08 빛 공해 어디까지 아시나요

♣77쪽
▶생각이 쑤욱

1. 예시 답안

　곡식을 재배할 수 있고, 색색의 조명으로 크리스마스트리를 아름답게 장식할 수 있다. 컵 소독기에 사용해 세균을 없앨 수도 있다.

2. 예시 답안

① 어떤 종류의 조명이 생활에 불편을 주나요?
□ 가로등(②번으로)   □ 광고 조명(③번으로)   ☑ 건물 등을 장식하기 위한 조명(③번으로)
② 가로등일 경우 빛이 퍼지는 모양이 어떤가요?
□　　□　　☑　　□
③ 광고 조명이나 장식 조명일 경우 어떤 특징이 있나요?
☑ 깜박거림 □ 색상이 변함 □ 동영상이 계속됨 □ 기타
④ 어떠한 피해를 당하고 있나요?
☑ 빛이 집 안으로 새어 들어와 잠자는 데 방해됨   □ 주변의 농작물, 가축, 야생 동식물 등에 직접 빛이 비침   □ 기타(　　　　　　　　　　)

3. 예시 답안

　공해란 사람이 활동하면서 인간 스스로에게뿐만 아니라 동식물에게 피해를 주는 것이다. 조명을 지나치게 사용하면 사람의 건강을 해치고 생태계를 파괴하므로 빛도 공해가 될 수 있다.

♣78쪽
▶생각이 쑤욱

4. 예시 답안

　-행복시를 '빛의 도시'로 만드는 계획에 (찬성, 반대)합니다. 왜냐하면 아름다운 경관과 빛 축제를 보기 위해 관광객이 몰려올 경우 관광 수입이 늘어나기 때문입니다.

　-행복시를 '빛의 도시'로 만드는 계획에 (찬성, 반대)합니다. 왜냐하면 조명을 지나치게 사용할 경우 사람들의 건강을 해치고 생태계를 파괴하는 빛 공해를 일으키기 때문입니다.

5. 예시 답안

　텔레비전이나 스마트폰 등 사용하지 않는 전기제품의 전원을 모두 끈다. 그리고 창에 커튼을 쳐서 밖에서 들어오는 빛을 차단한다. 나아가 빛도 공해임을 친구들에게 적극 알린다.

♣79쪽
▶생각이 쑤욱

6. 예시 답안

　학생들이 배우는 환경 교과서에 땅과 물, 공기의 오염 단원 외에 빛 공해 단원도 새로 만들어 자세히 싣는다.

7. 예시 답안

① 어떤 내용을 넣을까?
불필요한 불을 끄면 캄캄한 밤하늘을 되찾을 수 있다고 설득하는 내용
② 어떻게 표현할까? (사진, 그림, 만화 등)
별과 전기 플러그를 간단한 그림으로 나타냄
③ 알림 문구는 어떻게 지을까?
불을 끄고 별을 켜다.

불필요한 불을 끄면 캄캄한 밤하늘을 되찾을 수 있습니다.

♣80쪽
▶행복한 논술 (예시 답안)

　우리나라의 가로등은 빛이 필요하지 않은 곳까지 비추고, 건물이나 간판 등의 불빛도 지나치게 밝다. 인공 빛 때문에 밤에도 환하면 사람과 동식물은 건강하게 살지 못한다.

　사람은 밤에 일정 밝기 이상의 빛에 노출되면 생체 리듬이 깨져 암 등 여러 가지 질병에 걸릴 확률이 높아진다. 특히 어린이들은 키가 잘 자라지 않고, 기억력이 떨어지며, 정서에도 나쁜 영향을 받는다.

　밤이 낮처럼 밝으면 식물은 제대로 자라지 못하고 열매도 맺기 어렵다. 그러면 식량이 줄어들게 된다. 동물도 먹이 사냥이나 짝짓기를 제대로 하지 못한다. 생태계가 파괴되면 그 피해는 고스란히 사람에게 돌아오는 것이다.

　빛 공해를 줄이려면 밤에는 커튼을 치고, 가전제품은 코드를 뽑아 캄캄한 환경을 만드는 것이 좋다. 그리고 집 밖의 야간 조명에 피해를 볼 경우 지방자치단체나 건물주에게 대책을 요구한다. 인공 빛을 사용할 때는 이웃과 환경을 배려하는 자세가 필요하다. 정부나 지방자치단체는 빛 공해의 심각성을 알리고, 피해 대책도 마련해야 한다. 학교에서는 빛이 공해를 일으킬 수 있다는 사실을 가르쳐야 한다.

09 한복은 위험한 옷인가

♣86쪽
▶생각이 쑤욱
1. 예시 답안

시대	특징
선사 시대	구석기 시대에는 짐승 가죽을 걸쳤다. 신석기 시대에는 천을 짜 옷을 만들었다.
삼국 시대	머리를 감싸는 모자를 썼다. 저고리, 바지, 치마를 기본으로 삼국이 비슷한 옷을 입었다.
고려 시대	신분에 따라 옷이 달랐으며 원나라의 영향을 받았다. 후기에는 무명으로 옷을 지어 입었다.
조선 시대	신분에 따라 옷차림이 달랐다.
	다른 나라 문물을 받아들이며 양복이 들어왔고, 여성의 옷차림이 점점 자유로워졌다.
일제강점기	한복 대신 양복을 입는 사람들이 점점 늘어났다.

2. 예시 답안
　시대마다 종교나 중심 사상 등이 달라서/다른 나라에서 새로운 옷감이 들어와서/다른 나라의 문화가 들어와서 등.

3. 예시 답안
　-왼쪽 사진(몽골) : 날씨가 춥고 바람이 많이 분다. 그래서 솜을 두툼하게 넣어 바람을 막으려고 했다. 몸을 감싸고 있다.
　-가운데 사진(케냐) : 날씨가 덥다. 그래서 짧고 헐렁해 바람이 잘 통하고 열을 잘 방출한다.
　-오른쪽 사진(사우디아라비아) : 날씨가 덥고 건조하며 햇볕이 따갑다 그래서 햇볕을 막기 위해 얇고 긴 천으로 몸을 감쌌다.

♣87쪽
▶생각이 쑤욱
4. 예시 답안
　포근상
　위 사람은 원나라에서 목화를 들여와 우리 옷의 발전에 큰 기여를 했다.

5. 예시 답안
　남녀의 의복이 같아져 남자도 치마를 입을 것이다. 또 섬유 기술이 발전해 얇은 옷을 입어도 보온 효과가 뛰어나 두루마기나 겉옷이 사라질 것이다.

♣88쪽
▶생각이 쑤욱
6. 예시 답안
　·우리 옷을 입지 않는 이유
　세탁하기에 불편하고 때가 잘 묻는다.
　옷고름 묶기가 불편하며, 옷고름이 잘 풀린다.
　·해결 방법
　면처럼 세탁하기에 편하고, 때가 잘 안 타는 천으로 만든다.
　옷고름 대신 단추를 단다.

7. 예시 답안
　-시대가 변했으니 한복도 변하는 게 옳아요. 우리 옷은 언제나 사람들의 생활에 맞게 바뀌었어요. 지금도 시대가 변했으니 한복도 변해야 해요. 옛 모습만 지키려고 하면 한복은 점점 더 생활에서 멀어질 거예요.
　-시대가 변했어도 전통은 지켜야 해요. 조상이 물려준 것이니 본바탕을 소중히 지켜 나가는 것이 우리 옷을 사랑하는 길입니다. 시대에 맞춰 옷을 계속 변형시키면 나중에는 고유의 옷은 사라지고, 국적을 모르는 옷으로 변하게 되지요.

♣89쪽
▶행복한 논술 (예시 답안)
　우리 옷에는 오천 년의 우리 역사가 고스란히 담겨 있습니다. 우리 옷은 우리 민족의 역사와 함께하며 발전했기 때문입니다. 우리 옷에는 조상의 지혜도 담겨 있습니다. 한복은 체형에 상관없이 모든 사람이 편하고 멋있게 입을 수 있는 옷입니다. 또 입는 사람을 건강하게 하며 자연에 가깝게 만들어져 환경 친화적입니다. 그러나 현대화와 산업화에 따라 양복에 밀리며 평소에 입는 사람을 찾아보기 어렵게 되었습니다. 이대로 가면 한복이 생활 속의 옷이 아니라 박물관에서나 볼 수 있는 유물이 되어 버릴지도 모릅니다.
　따라서 한복을 지키고 발전시켜야 합니다. 이를 뒷받침하려면 우선 한복을 자주 접해 친밀하게 느낄 수 있도록 기회를 많이 만들어야 합니다. 따라서 우리 학교에서 '한복 입는 날'을 만들어 실천했으면 좋겠습니다. 한 학기에 한 번씩 한복을 입고 등교해 우리 전통 문화를 체험하거나 예절 교육을 받는 것입니다. 명절이나 행사 이외에도 한복 입는 날을 통해 한복을 가까이 한다면 한복을 사랑하고 지키려는 마음이 더욱 커질 것입니다.

10 부자 되는 말, 쪽박 차는 말

♣95쪽
▶생각이 쑤욱
1. 예시 답안
　관계 맺음이 원활해져서 친구를 사귈 기회가 많아지며, 다툼이 사라져서 공동체가 잘 유지되기 때문이다. 그리고 대화를 통해 자신이 원하는 결과를 얻기도 쉽다.

2. 예시 답안
배려는 양보다. 놀이터에서 줄을 선 친구에게 그네를 타도록 양보하는 것이 배려이기 때문이다/배려는 기부다. 나에게 더 이상 필요가 없는 장난감을 다른 사람에게 주는 것도 배려이기 때문이다/배려는 공공 예절이다. 도서관에서 떠들지 않는 것도 배려이기 때문이다 등.

3. 예시 답안
다른 사람의 비밀을 떠들고 다니는 한 연예인에게 '낮 말은 새가 듣고, 밤 말은 쥐가 듣는다.'며 말을 조심하라고 충고하고 싶어요/직원이 조그마한 실수를 했는데도 심하게 화를 내는 한 사장에게 '세 치 혀 밑에 도끼가 들어 있다.'며 말이 어떤 무기보다도 상대를 다치게 할 수 있다고 알려 주고 싶어요/잘못을 저질러 놓고 제대로 사과하지 않는 한 대학 교수에게 '말 한마디에 천 냥 빚 갚는다.'는 속담처럼 진심을 담아 사과하면 잘 해결될 것이라고 말하고 싶어요 등.

♣96쪽
▶생각이 쑤욱
4. 예시 답안

친구나 가족에게 자주 하는 말	
긍정적인 말	부정적인 말
고마워, 사랑해, 기뻐, 행복해 등.	짜증 나!, 미워, 그것도 몰라?, 싫어 등.
긍정적인 말을 하기 위한 계획	-고마워, 미안해, 사랑해라고 자주 말한다. -상대의 입장에서 한 번 더 생각하고 말한다. -나쁜 말이 나오려고 하면 말을 멈추고 심호흡을 한다.

5. 예시 답안

내가 나쁜 길로 가지 않게 막았던 교장 선생님의 한 마디.

너희는 소중하다!

♣97쪽
▶생각이 쑤욱
6. 예시 답안

구분	상대	힘을 주는 나만의 인사말
가정	아버지	오늘도 힘내세요, 사랑해요.
	동생	내 동생이 최고야!
	할머니	할머니랑 있으면 마음이 편해져요.
학교	선생님	새로운 것을 알려 주셔서 감사합니다.
	보안관	수고하십니다.
	조리사	급식 맛있게 먹었습니다.
사회	버스 기사	안전하게 데려다 주셔서 감사합니다.
	환경미화원	거리를 깨끗하게 해 주셔서 고맙습니다.
	택배 기사	기다리던 물건을 받아 기쁩니다.

7. 예시 답안
새 학기가 시작될 때 학교에서 전교생에게 상황에 맞는 배려하는 말과 실천 여부를 표시하는 달력을 만들어 나눠 줍니다. 배려하는 말이 몸에 배도록 하려면 가정과 학교가 힘을 합쳐 생활에서 매일 꾸준히 실천하도록 하는 일이 중요하기 때문입니다. 매월 첫날 학교에서 함께 배려하는 말을 역할극 등을 통해 재미나게 익힙니다. 학생들은 각자 한 달 동안 그 말을 실천하고, 달력에 기록합니다. 학교에서는 매달 우수 실천 학생을 뽑아 상을 주고, 학교 소식지에도 칭찬하는 기사를 싣습니다.

♣98쪽
▶행복한 논술 (예시 답안)
사회에서 일어나는 문제의 대다수가 상대를 배려하지 않는 말과 행동에서 일어난다. 이렇게 되면 다른 사람과의 관계에서 갈등이 생기고, 결국 자신도 피해를 당하게 된다.

'말 한마디에 천 냥 빚도 갚는다'는 속담이 있다. 배려하는 말은 이처럼 자신에게 도움이 되고 상대에게도 힘을 준다. 하지만 그렇지 않은 말은 상처를 주기 쉽다. 결국 다른 사람들과의 관계를 망가뜨린다.

배려심은 공동체 구성원의 관계 맺음과 공동체 유지의 바탕이 된다. 따라서 어릴 적부터 가정과 학교에서 배려하는 말을 생활화해야 한다.

배려하는 말을 잘하려면 남의 말에 귀 기울이고, 상대의 입장에서 생각하는 공감부터 해야 한다. 그래야 위로나 칭찬 등 상대의 입장에 맞는 말을 할 수 있다. 다양한 상황을 가정해 배려하며 말하는 연습을 하고, 그 말에 어울리는 얼굴 표정 짓기 등의 훈련도 필요하다.

공동체 생활을 하는 가족이나 친구, 이웃에게 관심을 가지는 일도 중요하다. 관심이 있어야 누구에게 배려의 말이 필요한지 알 수 있기 때문이다. 고마워, 미안해, 사랑해 등의 간단한 인사말부터 시작하면 된다.

11 전염병이 창궐하는 까닭

♣104쪽
▶생각이 쑤욱
1. 예시 답안
아직까지 치료약과 예방약이 없는데, 자신들도 감염될까 봐.

2. 예시 답안
환경이 갈수록 오염되고, 이상 고온 등 기후 변화가 심하며, 비행기 등 교통 수단이 발달했기 때문이다. 세계 여러 나라들 사이에 무역이 활발해져서 물건에 병균이 묻어 들어오기도 한다.

3. 예시 답안
전염병에 걸린 사람과 피부가 맞닿을 때 옮는다/전염병에 걸린 사람과 대화할 때 기침과 재채기를 통해 옮는다/모기나 파리 등 곤충, 들쥐 등 야생 동물과 접촉했을 때 걸린다/상한 음식을 먹거나 오염된 물을 마셨을 때 걸린다/사람과 가축의 배설물로도 옮는다 등.

♣105쪽
▶생각이 쑤욱
4. 예시 답안

경험 소개	여름 방학 때 친구들과 공원 분수에서 물놀이를 하며 놀았다. 한참을 놀다 갑자기 배가 아파 급하게 집에 돌아왔는데, 그만 설사를 했다. 어머니와 함께 소아과에 가서 진찰을 받으니 식중독이라고 했다.
부주의했던 점 반성하기	어머니께서 바닥 분수에서 나오는 물은 더럽고 세균도 많으니 놀 때 조심하라고 하셨다. 그런데 친구들과 물장난을 치며 신나게 놀다 그만 분수의 물을 마시고 말았다. 어머니의 말씀을 따르지 않은 점을 후회한다. 분수의 물은 깨끗하지 않으니 앞으로 놀 때 조심해야겠다.

5. 예시 답안
사람의 손에는 많은 세균이 산다. 그런데 비누를 사용해 흐르는 물에 30초 동안 손을 씻으면 세균의 99퍼센트가 죽기 때문에 전염병을 예방할 수 있다.

♣106쪽
▶생각이 쑤욱
6. 예시 답안
평소에 물을 끓여 마신다/전염병이 유행할 때는 사람이 많이 모이는 곳에 되도록 가지 않는다/규칙적으로 생활하고 운동을 해 면역력을 기른다 등.

7. 예시 답안 그림 생략
-주제에 맞는 문구 넣기 : 손이 전염병의 통로다!

-문구와 어울리는 그림 그리기 : 집과 학교, 공중 화장실에서 비누를 사용해 흐르는 물에 손을 씻는 모습을 각각 그린다.

♣107쪽
▶행복한 논술 (예시 답안)
전염병은 나쁜 세균이나 바이러스가 사람 몸에 들어가 일으키는 병인데, 다른 사람에게도 옮긴다. 병에 걸린 사람과 피부가 맞닿거나 대화할 때 기침과 재채기를 통해서도 옮는다. 곤충이나 야생 동물과 접촉했을 때도 걸린다. 상한 음식을 먹거나 오염된 물을 마셨을 때, 사람이나 가축의 배설물로도 감염될 수 있다.

전염병은 종류가 다양하다. 특히 어린이들은 면역력이 약하기 때문에 뇌수막염과 수두, 수족구, 식중독 같은 전염병에 잘 걸린다.

전염병에 걸리지 않으려면 평소에 올바른 손 씻기 습관을 들이는 것이 좋다. 비누를 사용해 흐르는 물에 30초 동안 손을 씻으면 세균의 99퍼센트가 죽는다. 예방 주사를 미리 맞아도 막을 수 있다. 예방 주사를 맞으면 전염병에 걸리더라도 가볍게 앓고 지나가기 때문에 꼭 챙겨 맞는 것이 좋다. 무엇보다 평소에 음식을 골고루 먹고, 운동을 열심히 해서 면역력을 기르는 것이 중요하다.

12 이슬람은 왜 여성을 차별할까

♣113쪽
▶생각이 쑤욱
1. 예시 답안
옛날의 성역할을 이슬람의 가르침으로 여겨 오늘날에도 강요하기 때문이다.

2. 예시 답안
여성이 외출할 때 남편의 허락을 받아야 하는 점이 가장 싫을 것 같다. 여성도 남성과 동등한 권리를 가졌으므로 원할 때 자유롭게 외출하도록 해야 한다.

설명	표시
소년은 반드시 히잡을 써야 한다.	
어린이는 돼지고기를 자주 먹는다.	
알라를 믿는다고 말하면 누구나 이슬람교 신자가 될 수 있다.	○
어디에 있든지 하루 다섯 번씩 메카(사우디아라비아)를 향해 절해야 한다.	○
어린이는 어른이 되기 전에 메카에 꼭 다녀와야 한다.	
라마단에는 해가 떴을 때만 음식을 먹는다.	
가난한 사람들을 위해 재산의 일부를 기부해야 한다.	○

3. 정답

-이슬람교는 세계 인구의 25퍼센트가 믿는 종교다. 무함마드가 처음 만들었다. 이슬람교를 믿는 사람들은 알라의 말씀을 기록한 꾸란에 따라 생활해야 한다. 꾸란에는 예배에 관한 것부터 음식과 옷 등 생활에 관련된 내용까지 자세히 기록되어 있다. 예를 들면 여성은 몸을 천으로 가려야 하며, 무슬림은 돼지고기를 먹지 말라는 등의 내용이 있다.

 이슬람교 신자는 다섯 가지 의무를 꼭 지켜야 한다. 먼저 매일 알라만 믿는다고 다짐해야 한다. 또 하루 다섯 번 정해진 시간에 무함마드가 탄생한 사우디아라비아의 메카를 향해 기도를 올려야 하며, 자신이 번 돈의 일부를 가난한 사람과 나누는 것도 의무다. 금식을 통해 절제를 배우는 의무도 있는데, 라마단 기간의 낮에는 음식을 먹지 말아야 한다. 사는 동안 성지인 메카를 꼭 한 번 방문해 예배를 드리는 것도 의무다.

♣114쪽
▶생각이 쑤욱
4. 예시 답안

▲좋아하는 색의 히잡을 쓰고 멋을 낸 여성.

히잡은 이슬람교 신자임을 표현하는 방법이다.

▲히잡을 벗은 것을 기념하기 위해 사진을 찍는 여성.

히잡은 여성의 자유를 제한하고, 차별하는 수단이다.

히잡은 강요에 의해서가 아니라 여성이 스스로 종교적 믿음이나 가치를 표현하고 싶을 때 쓸 수 있게 해야 한다.

5. 예시 답안

여성 차별적 말이나 행동	이렇게 바꿔요
암탉이 울면 집안이 망한다.	암탉이 울면 집안이 부자가 된다.

♣115쪽
▶생각이 쑤욱
6. 예시 답안

 여성이 부당한 대우를 받을 경우 개선해 달라고 요구한다/ 여성도 법이나 제도를 만들 때 적극 참여해 의견을 밝힌다/ 자신의 적성과 능력에 맞는 직업을 가진다 등.

7. 예시 답안

소개하고 싶은 사람	인도네시아 최초의 여성 대통령인 메가와티 수카르노 푸트리
소개하는 까닭	이슬람 여성도 노력하면 대통령이 될 수 있다는 사실을 알려 주고 싶기 때문이다.

♣116쪽
▶행복한 논술 (예시 답안)

 이슬람 사회의 여성들은 차별 대우를 받는 경우가 많다. 이슬람의 가르침이라며, 옛날의 성역할을 여성에게 강요하기 때문이다. 이러한 태도는 이슬람의 가르침이 적힌 꾸란이 만들어질 당시의 상황을 생각하지 않고, 여성의 사회 활동을 막는 데서 나온 것이다.

 이슬람 사회에서 여성 차별을 없애려면, 잘못된 성 차별 관습이나 법과 제도부터 고쳐야 한다. 여성 스스로 자신의 권리가 무엇인지 알고 개선해 달라고 요구해야 한다. 그리고 잘못된 관습을 바꾸기 위해 법이나 제도를 만들 때 여성도 적극 참여해 의견을 밝혀야 한다.

 평등과 인권에 관한 교육도 충분히 받을 필요가 있다. 어려서부터 성 차별적인 말을 듣고 자라면, 커서도 잘못된 성 역할에서 벗어나기 어렵기 때문이다. 직업도 가질 필요가 있다. 따라서 자신의 적성과 능력에 맞는 직업 교육도 받아야 한다. 여성이 직업을 가지면 경제적으로 독립할 수 있기 때문이다.

 이슬람 세계에서 여성 차별을 바꾸게 하려면 국제 사회도 이슬람 여성의 인권에 관심을 가져야 한다. 인터넷이나 방송 등 언론을 통해 여성을 차별하는 행동을 고쳐 달라고 요구하고, 운동도 벌여야 하는 것이다.

우리나라 지도

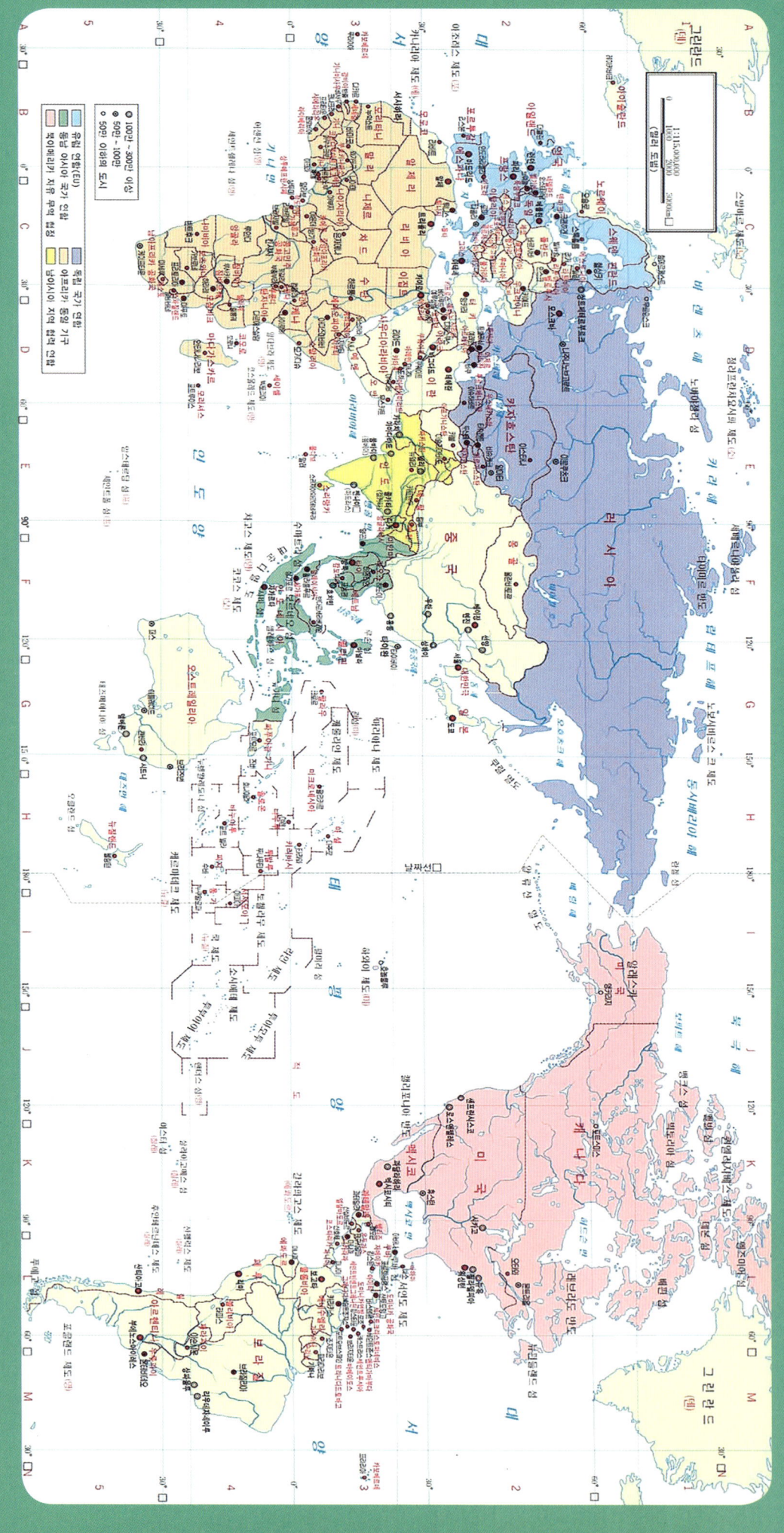